Cristología

Editado por el Departamento de Educación Teológica
de la

Editorial Universitaria Libertad

Cristología

Copyright © 2015 by Editorial Universitaria Libertad
Madrid, España.

Pág. Web: http://alv36588.wix.com/editorial-libertad

All rights reserved. No part of this book may be reproduced or transmitted in any form or by any means without written permission of the author.

Contenido General

Prólogo
Introducción

1. **LAS PRIMERAS HEREJÍAS CRISTOLÓGICAS**
   Los ebionitas
   Los gnósticos
   Los docetas
   Monarquismo
   Arrianismo
   Apolinaristas
   Nestorianismo
   Eutiquianismo
   Monoteletismo
   Adopcionismo

2. **LA CRISTOLOGÍA DE LOS ESCOLÁSTICOS Y LOS REFORMADORES**
   Abelardo y Lombardo
   La cristología de Lutero
   La cristología de Calvino
   La herejía de Socino

3. **LA CRISTOLOGÍA Y EL LIBERALISMO TEOLÓGICO DURANTE LOS SIGLOS XVIII Y XIX**
   Fundamentos de la cristología moderna en Schleiermacher y Ritschl
   La escuela de Hegel
   La cristología de David F. Strauss
   La Cristología de A. E. Biedermann

4. **LA CRISTOLOGÍA Y LA NEO-ORTODOXIA DEL SIGLO XX**

5. **LA CRISTOLOGÍA CONTEMPORÁNEA**

6. **EVIDENCIAS BÍBLICAS TOCANTE A LA DEIDAD DE CRISTO**
   La Biblia presenta a Jesucristo como el Hijo de Dios
   La Biblia presenta a Cristo como el Hijo del Hombre
   La Biblia confiere a Cristo el nombre de Dios
   Cristo posee los atributos de deidad
   Cristo posee prerrogativas que sólo pertenecen a Dios

7. **OPOSICIÓN A LA DOCTRINA DE LA DEIDAD DE CRISTO**

8. **FUNDAMENTOS DE TEOLOGÍA PENTECOSTAL:**

CRISTOLOGIA: DIOS EL HIJO

9. **CONCLUSIÓN**

APÉNDICES
   1. Síntesis de las principales herejías acerca de la Persona de Cristo
   2. Los siete grandes concilios
   3. Cristo = Dios
   4. Antropología y Cristología

Bibliografía

Prólogo

Se ha dicho en repetidas ocasiones que el cristianismo es Cristo. Él es la piedra angular de la fe cristiana. Pero existen en nuestro tiempo varios intentos de tergiversar la cristología bíblica a favor de algún sistema teológico o de alguna ideología en el plano social. Es posible hablar de diversos cristos que deambulan por la escena contemporánea, pretendiendo suplantar al Cristo de las Escrituras. Y en ciertos casos Él ha sufrido más en manos de los que profesan seguirle que en las de sus enemigos. La cristología de teólogos católicos y protestantes de vanguardia es una prueba de este aserto.

Por otra parte, no siempre se explica el significado bíblico de la persona y la obra de Cristo en la así llamada «predicación evangelística», en la cual muchas veces el Evangelio del Nuevo Testamento brilla por su ausencia. ¿Cómo puede haber Evangelio auténtico si el Cristo de Dios no es anunciado?

Por estas y otras razones es imperativo estudiar y proclamar lo que las Escrituras revelan tocante a Jesucristo. De ello se ocupa el doctor Evis Carballosa en el presente libro, cuyo objetivo principal es subrayar la deidad del Señor Jesús. Este énfasis es muy necesario en la época actual, cuando muchos soslayan la deidad del Cristo, acomodándose a la mentalidad que se resiste a creer en lo sobrenatural; en tanto que otros exaltan la humanidad de Jesús de Nazaret, con menoscabo de Su deidad, al servicio de intereses ideológicos en lo político y social.

Está muy de modo hablar del Jesús hombre, y no del Cristo que según el testimonio de las Escrituras es Dios-Hombre verdadero. No es tan sólo de hoy ni de ayer que se pierde el equilibrio cristológico en el seno de la cristiandad. Ya en los primeros tiempos de la Iglesia hubo quienes negaran la humanidad del Verbo, y no faltaron tampoco los que rechazaron Su deidad. Precisamente el doctor Carballosa inicia su exposición con un esbozo histórico de las grandes controversias cristológicas que han tenido lugar a través de los siglos.

En la segunda parte del libro, el autor presenta el testimonio bíblico en cuanto a la deidad de Jesucristo. Aquí está el meollo de la obra para los que imitando a Tomás el apóstol hemos caído a los pies de Jesús llamándole Señor y Dios.

Es indudable que, como en el caso de los otros libros del doctor Carballosa, el que aquí prologamos puede ser una gran bendición para el pueblo evangélico y un medio eficaz para que muchas personas lleguen a conocer personalmente al Cristo revelado en la palabra escrita de Dios. ¡Que a Él «sea la alabanza, la honra, la gloria y el poder, por los siglos de los siglos»! Amén.

Introducción

LA DOCTRINA DE LA DEIDAD de Cristo ha sido y sigue siendo uno de los pilares fundamentales de la Iglesia Cristiana. Esta doctrina ha sido creída por la mayoría de los cristianos a lo largo de los siglos por considerarla como una enseñanza de profunda raigambre bíblica e indiscutiblemente apostólica.

En varios concilios eclesiásticos de la antigüedad se discutió tanto el tema de la deidad como el de la humanidad de nuestro Señor. En cada una de esas ocasiones, el llamado sector ortodoxo de la Iglesia afirmó que Jesucristo es verdadero Dios y verdadero hombre impecable. Es cierto que algunos grupos han enfatizado la deidad de Cristo a expensas de Su humanidad, mientras que otros han enfatizado la humanidad a expensas de la deidad. Ambos extremos, sin embargo, han sido rotundamente rechazados por teólogos que desean ser fieles a las enseñanzas de la Palabra de Dios.

En años recientes, sin embargo, teólogos influyentes, tanto católicos como protestantes, se han pronunciado abiertamente en contra de la doctrina de la deidad de Cristo. A esta postura se la ha llamado «una nueva cristología», «cristología en crisis» o «el debate cristológico contemporáneo». Este debate cristológico ha coincidido con otro debate, el bibliológico. No es esta una extraña coincidencia, sino más bien una secuela lógica. Poner en tela de juicio la autoridad de la Biblia engendra un debilitamiento de las doctrinas que de ésta se derivan. Una dilución de la bibliología casi siempre ha dado como resultado una cristología débil.

Ante esta situación se hace necesario enfocar de nuevo el tema de la Persona de Cristo. Hoy, como en los días del ministerio terrenal de Jesús, la pregunta: ¿Quién dicen los hombres que es el Hijo del Hombre?

tiene una vigencia indiscutible. Hombres ocupados en todas las ramas del saber (teólogos, historiadores, sociólogos, filósofos, literatos, políticos, etc.) han dicho y escrito muchas cosas tocante a Cristo. Sin restar importancia a lo que los hombres han dicho y siguen diciendo, lo más importante en el estudio de la cristología continúa siendo el testimonio de la Palabra de Dios. De ahí que este trabajo, sin restar importancia a las obras producidas por eruditos en la materia, dé prioridad a la exégesis bíblica.

Las Escrituras dan testimonio de Cristo (Jn. 5:39). Escudriñarlas, por lo tanto, debe de ser la tarea primordial de todo aquel que desea saber a cabalidad quién es Jesucristo. Es, pues, el propósito de este trabajo investigar lo que la Biblia dice tocante a Cristo y en la base de dicha investigación establecer algunas diferencias entre la llamada «nueva cristología» y la cristología de las Escrituras. El móvil primordial de esta tarea es glorificar a Dios mediante una exposición fiel de la Palabra de Dios. Sobra decir que debido a la limitación de espacio, este trabajo dejará grandes lagunas sin explorar e interrogantes sin contestar. Se espera, sin embargo, que otros estudiosos de la teología bíblica investiguen y profundicen este tema. La iglesia cristiana necesita el aporte de exegetas y expositores de las Escrituras que con toda seriedad y fidelidad den a conocer al pueblo de Dios las verdades de la Biblia.

El reto que confronta el estudiante de la Biblia hoy es al mismo tiempo formidable y multiforme. Por un lado está el humanismo con sus postulados de que el hombre es intrínsecamente bueno y capaz de autoperfeccionarse mediante el uso de su inteligencia y experiencia. El humanismo se ha convertido en una religión cuyo centro es el hombre y las necesidades humanas. Dios no cuenta en las lucubraciones del humanismo.

Por otro lado está el naturalismo, estrechamente asociado con el humanismo pero con diferentes proyecciones. El naturalismo rechaza toda explicación sobrenatural de la realidad. Sólo acepta como verdad lo que se puede probar científicamente. La única realidad que existe es este mundo del cual formamos parte y que no depende de ningún ser sobrenatural para su subsistencia. Otro reto para el estudioso de las Escrituras, particularmente en el siglo xx, ha sido el existencialismo. Este movimiento filosófico surgió poco después de la primera guerra mundial (aunque sus raíces preceden dicho evento) como una reacción o rebelión en contra de la apatía de los intelectuales, los gobiernos, las universidades, la religión y otras instituciones frente a los problemas de la sociedad.

El existencialismo pretende llegar a conocer al ser humano y su condición, separando al individuo de la multitud. La persona se convierte en una especie de eje alrededor del cual gira la verdad, pero la verdad es algo existencial, es decir que, para conocerla, el hombre tiene que ser actor y no espectador de ella. Una de las características del existencialismo es su subjetivismo y la negación de una revelación proposicional.

Mucho podría decirse del desafío del racionalismo, el materialismo, el universalismo y otras corrientes, tanto filosóficas como teológicas, que tratan de socavar los fundamentos de la fe cristiana. Incumbe al estudioso de las Escrituras, al pastor, al evangelista, al teólogo, permanecer firme frente al reto de los que se oponen a la verdad bíblica, pero al mismo tiempo estar bien informado y dispuesto a exponer dicha verdad.

Tabla de Contenido

Las Primeras Herejías Cristológicas 1

La Cristología de los Escolásticos y los Reformadores 23

La Cristología Durante los Siglos XVIII y XIX 33

La Cristología y la Neo Ortodoxia del Siglo XX 43

La Cristología Contemporánea 49

Evidencias Bíblicas Tocante a la Deidad de Cristo 59

Oposición a la Doctrina de la Deidad de Cristo 87

Fundamentos de Teología Pentecostal 99

Conclusión 139

Apéndices 143

Las Primeras Herejías Cristológicas

DESDE MUY TEMPRANO en su historia la iglesia ha sufrido ataques de corrientes contrarias a la fe que profesa. Es cierto que el cristianismo ha vivido siempre en medio de gran oposición. Con todo eso, el mayor daño que la iglesia ha sufrido no ha sido causado por ataques externos, aunque sin duda éstos han sido grandes, sino más bien producidos por la infiltración de doctrinas contrarias a la Palabra de Dios y a los postulados del Evangelio.

No es de dudarse que durante el período apostólico, cuando el canon del Nuevo Testamento estaba en su formación, muchos trataban de dar respuesta a algunas preguntas que se formulaban. Por ejemplo: ¿Quién es Jesucristo? ¿Qué relación tiene Jesús con la Eterna Deidad? ¿Qué relación tiene lo que Jesús enseñó con las leyes rituales del Antiguo Testamento? ¿Qué significado y alcance tiene la salvación? ¿Se relaciona la salvación con el cuerpo físico, el alma o con ambos?

Ciertamente estas preguntas no eran ni son fácilmente contestadas, especialmente sin la base autoritativa de los libros canónicos. Fue así, seguramente, que falsos maestros introduciéndose dentro de las congregaciones cristianas ponían en peligro la armonía y la existencia misma de las jóvenes asambleas de creyentes. Dos corrientes que parecen haber afectado el desarrollo de congregaciones apostólicas se caracterizaban por sus tendencias legalistas y filosóficas. Aunque dichas corrientes heréticas no se habían desarrollado hasta el punto en que lo hicieron en el siglo II, sus enseñanzas estaban haciéndose sentir.

Los ebionitas

Una de las primeras corrientes que hizo sentir su influencia dentro de la iglesia cristiana fue la de los llamados ebionitas cuyo nombre se deriva del hebreo ebion que significa «pobre».

Según algunos historiadores, había generalmente tres grupos de ebionitas aunque no era muy fácil poder hacer las distinciones pertinentes entre los tres grupos. No obstante, las siguientes diferencias eran observables: 1) Aquellos cristianos judíos que demandaban una completa observancia de la ley por parte de los creyentes. Aunque este grupo también incluía otros que guardaban la ley estrictamente sin exigir que otros lo hicieran. 2) Los llamados cristianos judaizantes que consideraban a Pablo como un apóstata de la ley mosaica y afirmaban que era necesario que todos los cristianos fuesen circuncidados y guardasen la ley estrictamente. Estos consideraban a Cristo como una criatura y además negaban Su concepción virginal. 3) Aquellos de tendencia filosófica-especulativa que consideraban a Jerusalén como el centro del mundo religioso, practicaban un ascetismo estricto, consideraban a Cristo como una criatura pero como el Señor de los ángeles y al Espíritu Santo como un ángel de sexo femenino que acompañaba a Cristo.

Los distintos grupos ebionitas tenían en común, sin embargo, su adherencia a la ley mosaica. Exigían que por lo menos los judíos guardaran la ley, aunque veían con buenos ojos si los gentiles hacían lo mismo. También tenían la tendencia a interpretar la persona de Cristo como un mero hombre privilegiado por el descenso del Espíritu Santo sobre Su persona a la hora de Su bautismo.

Los gnósticos

Un tema muy discutido ha sido el de la posible relación entre la iglesia primitiva y el gnosticismo. Algunos eruditos afirman que el gnosticismo tuvo su origen en un tiempo posterior al cristianismo, mientras que otros hablan categóricamente de un gnosticismo pre-cristiano.

La palabra gnosticismo se deriva del vocablo griego gnosis que significa «conocimiento». El gnosticismo era una filosofía racionalista con tendencia intelectualmente exclusivista que pretendía dar una respuesta a la interrogante de la existencia del mal y al origen del universo. Los gnósticos consideraban la fe como algo inferior. La gnosis por ser un alto nivel de conocimiento era el canal de la salvación. Para los gnósticos, sin embargo, la gnosis no era un conocimiento intelectual adquirido mediante un esfuerzo mental, sino que era algo de origen sobrenatural. La gnosis era en sí producto de la revelación divina. Para los gnósticos, ese conocimiento adquirido, supuestamente por revelación, es en sí redención perfecta.

El gnosticismo era sustancialmente de origen pagano. Esencialmente es un sincretismo que incluye la filosofía helenística, las religiones orientales, los misterios de la Babilonia antigua, los cultos egipcios, el judaísmo heterodoxo y algunas ideas cristianas, particularmente las relacionadas con el concepto de la salvación.5 Según el afamado historiador Philip Schaff: «El gnosticismo es, por lo tanto, la forma más grande y comprehensiva de sincretismo especulativo religioso conocido en la historia.»

En cuanto a Cristo, los gnósticos decían que era una emanación o eón salido de Dios. Por medio de ese eón (el más perfecto de todos) se efectúa el regreso del mundo material sensible al mundo ideal que está más allá de los sentidos. Los gnósticos lograron introducirse en la iglesia cristiana porque aparentaban tener una alta estimación hacia Cristo, pero en el último análisis creían que el Señor vino sólo a disipar la ignorancia. Los maestros de esta secta ponían el énfasis sobre las enseñanzas de Cristo, dándole poca importancia a la Persona y la obra de Jesús.

Los docetas

El docetismo es una variante del gnosticismo. El nombre procede del vocablo griego dokeo que significa «dar la apariencia de algo». Los docetas afirmaban que el nacimiento, el cuerpo, los sufrimientos y la muerte de Cristo fueron solamente una apariencia ilusoria. Cristo sólo asumió forma visible como una visión transitoria para revelarse a Sí mismo a los sentidos naturales del hombre.

El docetismo era un resultado del dualismo que caracterizaba a todos los sistemas gnósticos. Este dualismo consistía en afirmar que todo lo que es material es malo. Sólo aquello que es espíritu es bueno. La conclusión a la que arribaban los docetas era que si Cristo era bueno (cosa que ellos afirmaban), entonces no podía tener un cuerpo material real.

El gnosticismo y su variante, el docetismo, negaban la doctrina de la encarnación de Cristo. En ese sentido rechazaban la doctrina de la verdadera humanidad del Señor. Debido a que Cristo era considerado como una emanación (eón) de Dios, el docetismo reducía la deidad de Cristo y en realidad destruía la personalidad histórica de Jesús. Al no concederle un cuerpo real, los docetas tenían que negar la realidad de la crucifixión.

En resumen, el Redentor no era ni hombre real ni Dios absoluto, según la herejía de los docetas. Ni murió en la cruz ni resucitó de los muertos. Como es de esperarse, los docetas también negaban una segunda venida corporal y judicial de Cristo a la tierra. Estos conceptos paganos de cristología se infiltraron en la iglesia cristiana a principios del siglo II de nuestra era, si no antes, y causaron gran confusión en la mente de muchos. Sólo la apologética y la exposición bíblica de hombres como Ireneo, Justino Mártir, Tertuliano, Hipólito, y otros lograron ahuyentar el peligro que se cernía sobre la iglesia en aquella etapa temprana de su historia. El trabajo realizado por los líderes de la iglesia, particularmente en aquel tiempo fue crucial, ya que sentaron las bases para las discusiones posteriores. De importancia capital fue el hecho de la necesidad de identificar el canon de las Escrituras, para poder combatir con autoridad las herejías que amenazaban la vida de la iglesia.

Monarquismo

El nombre monarquismo fue usado por primera vez por Tertuliano (150–220 d.C.) para designar a grupos antitrinitarios que surgieron durante el siglo III. Los monarquistas también recibieron el nombre de unitarios a causa del énfasis que daban a la unidad numérica y personal de la Deidad.

Había fundamentalmente dos grupos monarquistas: 1) Los racionalistas o dinámicos y 2) los modalistas o patripasianos. Los racionalistas o dinámicos negaban la deidad de Cristo, considerándolo como una fuerza o poder, mientras que los modalistas identificaban al Hijo con el Padre, negando así la pluralidad de personas en la deidad y aceptando una trinidad económica, es decir, un triple modo de revelación en lugar de una trinidad de personas.

Monarquismo racionalista o dinámico

Este grupo consideraba a Cristo como un mero hombre lleno del poder divino (a semejanza de Moisés o Elías). Ese poder divino existía en Cristo desde el principio de Su vida, pues, los monarquistas admitían que Jesús había sido generado sobrenaturalmente por el Espíritu Santo. A esta clase de monarquismo pertenecían varios grupos:

1. Los teodosianos: Grupo fundado por un tal Teodoto el curtidor, quien después de haber negado a Cristo durante una de las persecuciones afirmó que solamente había negado a un hombre. Teodoto fue finalmente excomulgado por Víctor, el obispo de Roma.

2. Los artemistas: Este grupo fue fundado por Artemo quien se había trasladado a Roma y comenzó a predicar que la doctrina de la deidad de Cristo era una invocación y un regreso al politeísmo pagano. Artemo fue excomulgado por Ceferino (202–217) y acusado de usar argumentos filosóficos para apoyar sus enseñanzas.

3. Pablo de Samosata: Llegó a ser el más famoso de los monarquistas racionalistas. Era un obispo de Antioquía en el año 260 d.C., al mismo tiempo que ocupaba un elevado puesto civil. Negaba la personalidad del Logos y del Espíritu Santo, considerándoles solamente poderes de Dios, como son la mente y la razón en el hombre. Admitía que el Logos habitaba en Cristo en una medida superior a otros mensajeros de Dios, pero creía que Cristo había sido gradualmente elevado a una posición de dignidad divina. También creía que Cristo había permanecido libre del

pecado, había vencido el pecado de nuestros antepasados y se había convertido en Salvador de la raza humana.

Entre los años 268–269 d.C. los obispos de Siria que trabajaban bajo su dirección, acusaron a Pablo de Samosata de herejía, arrogancia, vanidad y avaricia y lo depusieron.

En resumen, esta primera clase de monarquismo puede clasificarse como ebionista, es decir, esa especie de cristianismo judaizado que pretendía hacer que la salvación dependiese de la observancia de la ley y además consideraba a Jesús como el Mesías prometido, pero como un mero hombre producto de la unión de José y María.

Monarquismo modalista o patripasiano

Este grupo o clase de monarquismo enseñaba que el Dios único y Supremo por un acto de Su propia voluntad se autolimitó, haciéndose hombre. De modo que el Hijo es el Padre revelado en la carne. Estos sólo reconocían como Dios al que se había manifestado en Cristo y acusaban a sus oponentes de enseñar que hay más de un Dios.

Varios nombres se mencionan como exponentes del monarquismo modalista. El primero de ellos es Praxeas. Este procedía del Asia Menor, pero se trasladó a Roma en tiempos de Marco Aurelio (161–180 d.C.). Allí procuró la condenación del montanismo y enseñó abiertamente su doctrina patripasiana, logrando convencer aun al obispo Víctor.

Praxeas apelaba a pasajes tales como Isaías 45:5; Juan 10:30 y 14:9 para apoyar sus enseñanzas, pasando por alto que dichos textos no son anti-trinitarios, sino que enfatizan la unidad de la esencia divina. Es evidente que Praxeas no hacía distinción alguna entre persona y esencia ya que acusaba a sus oponentes de ser triteístas. Estrechamente relacionados con las enseñanzas de Praxeas, estaban Noeto de Esmirna y un tal Calixto. Ambos enseñaban que el Hijo era meramente una manifestación del Padre.

Por el año 200 d.C., un hombre llamado Sabelio comenzó a enseñar que Dios se auto-revela en tres modos diferentes: 1) Como Padre creó todas las cosas y dio la ley a Israel, 2) como Hijo tomó la tarea de la redención, y 3) como Espíritu Santo, después de haber completado la obra redentora. Cada una de estas formas de manifestación, según Sabelio, se efectúa cuando la otra termina. Es decir, Sabelio afirmaba que la Deidad era unipersonal. Rotundamente negaba que Dios fuese Padre, Hijo y Espíritu Santo al mismo tiempo.14

En resumen, los adeptos del monarquismo querían proteger la unidad de Dios, pero al hacerlo cayeron en el error del unitarianismo. Pablo de Samosata, Praxeas, Sabelio y todos sus seguidores han errado al no ser capaces de armonizar adecuadamente las enseñanzas de la Biblia. Trinitarianismo no es lo mismo que triteísmo. La esencia divina es una, las personalidades que componen esa esencia son tres.

Arrianismo

El arrianismo adquiere el nombre de su progenitor. Arrio, según se cree, era nativo de Libia aunque recibió su entrenamiento en Antioquía. El maestro y mentor de Arrio había sido Luciano quien teológicamente seguía a Pablo de Samosata.16 Se sabe, además, que «Luciano representaba el ala izquierda del origenismo». De modo que el trasfondo teológico de Arrio estaba en pleno desajuste con la corriente media de la iglesia. Por el año 313 d.C., Arrio fue designado como presbítero de Alejandría. Poco después de su designación, Arrio comenzó a enseñar que, aunque Cristo era el creador del universo, él mismo era una criatura de Dios y, por lo tanto, no era totalmente divino.

Según Arrio, hay un solo Ser de quien puede decirse que es sin principio. Ese ser es Dios. Enseñar que el Hijo no tuvo principio, en la opinión de Arrio, equivaldría a creer en la existencia de dos dioses de igual rango. De modo que la cristología de Arrio tomaba como punto de partida un estricto monoteísmo semejante al de los monarquianos. Arrio decía que el Hijo no fue siempre, sino que tuvo un principio. El Logos en Cristo fue creado por el Padre antes de la creación del mundo. Arrio enfáticamente sostenía que Cristo era de una sustancia diferente a la del

Padre y, por lo tanto, no era Dios en el sentido estricto de la Palabra. Es más, para Arrio, el Logos, es decir, Cristo no poseía un alma humana, de modo que no era verdadero hombre. Tampoco era verdadero Dios, ya que no poseía ni la esencia ni los atributos que pertenecen a la absoluta deidad. El historiador Justo L. González, ha resumido bien las enseñanzas de Arrio:

La doctrina de Arrio parte de un monoteísmo absoluto, según el cual el Hijo no puede ser, ni una encarnación del Padre, ni una parte de su substancia, ni otro ser semejante al Padre, pues cualquiera de estas tres posibilidades negaría, o bien el carácter inmaterial de Dios, o bien su unicidad. El Hijo no puede no tener un origen, pues entonces sería hermano del Padre, y no hijo. Luego, el Hijo tiene principio, y fue creado o hecho por el Padre de la nada. Antes de tal creación, el Hijo no existía, y es incorrecto afirmar que Dios es eternamente Padre. Esto no quiere decir, sin embargo, que no hubiese siempre en Dios un Verbo, una razón inmanente; pero este Verbo o razón de Dios es distinto del Hijo de Dios, sólo fue creado más tarde.

La postura de Arrio lo puso en conflicto directo con Alejandro, el obispo de Alejandría, entre los años 318 y 320 d.C. Como resultado de esa confrontación, en el año 321 d.C., un concilio formado por un grupo de cien obispos procedentes de Egipto y Libia se reunió en Alejandría. La decisión del concilio fue destituir y excomulgar a Arrio y a sus seguidores. Evidentemente, el concilio consideraba como una herejía negar la absoluta deidad de Cristo.

Arrio, sin embargo, no cejó en su empeño de propagar su doctrina. Después de haber sido excomulgado, Arrio se entregó a la tarea de dar a conocer sus creencias por medio de sermones y conferencias teológicas dondequiera que encontrase una audiencia. De ese modo consiguió adeptos en Egipto, Siria, Palestina y en otras áreas del mundo cristiano.

Arrio encontró un oponente formidable en la persona de Atanasio. Nacido en Alejandría a fines del siglo III, Atanasio recibió la mejor educación para una persona de su tiempo. Fue apadrinado por Alejandro, obispo de Alejandría, quien evidentemente vio en Atanasio a un hombre de profundidad teológica, firmes convicciones y gran fortaleza física. Alejandro no fue defraudado. Su discípulo, Atanasio, estudió con sumo cuidado los postulados y las conclusiones de Arrio.

Si Arrio estaba en lo cierto, el Dios trino no es eterno: a la unidad se le añadió, en el curso del tiempo, el Hijo y el Espíritu. La Trinidad ha llegado a existir de la no-existencia. ¿Quién nos asegura que no habrá un aumento subsiguiente? Según Arrio, el bautismo resultaría administrado en el nombre de un ser creado, que, en el último análisis, no puede auxiliarnos. Pero no solamente es disuelta la Trinidad; incluso la divinidad del Padre es puesta en peligro.

A raíz de la controversia arriana, se convocó el Concilio de Nicea en el año 325 d.C., desde el 20 de mayo al 25 de julio de ese año, sin contar las deliberaciones posteriores. El resultado fue una condena de las enseñanzas de Arrio y una anatematización de todo aquel que creyese dichos errores. Según el Concilio de Nicea, la postura de la iglesia quedaba expresada así:

Creemos en un Dios, el Padre Todopoderoso, Creador de todas las cosas, visibles e invisibles, y en un Señor Jesucristo, el Hijo de Dios, el unigénito del Padre, es decir, de la substancia del Padre; Dios de Dios, luz de luz, verdadero Dios de verdadero Dios, engendrado, no creado, consubstancial con el Padre, por quien todas las cosas fueron hechas, tanto en el cielo como en la tierra; quien por nosotros los hombres, y para nuestra salvación descendió, se encarnó, y se hizo hombre, y sufrió, y resucitó al tercer día: ascendió a los cielos y vendrá a juzgar a vivos y muertos: Y en el Espíritu Santo. Pero la Santa Iglesia Apostólica de Dios anatemiza a los que afirman que hubo un tiempo cuando el Hijo no era, o que no era antes de ser engendrado, o que fue hecho de cosas que no existían: o que dicen, que el Hijo de Dios era de cualquier otra substancia o esencia, o creado, o sujeto a cambio o a conversión.

En resumen, el Concilio de Nicea del año 325 d.C., refutó la postura del sabelianismo o modalismo, y la creencia de que la deidad se compone de una persona y una esencia, pero de distintos modos de manifestación. Rechazó, además, el arrianismo y su creencia de que el Hijo es de una sustancia diferente a la del Padre. Expresó de manera formal la fe trinitaria de la iglesia: Dios es una sustancia, esencia o realidad eterna que existe en tres personalidades distintas.

Apolinaristas

El nombre «apolinarista» proviene de Apolinar de Laodicea. Hombre de gran erudición, Apolinar, nacido por el año 310 d.C., era el obispo de Laodicea por el año 360 d.C., cuando dio a conocer sus creencias tocante a la persona de Cristo. En un tiempo, Apolinar había sido un amigo cercano de Atanasio, un fervoroso defensor del Credo de Nicea y, por supuesto, un decidido opositor de Arrio.

Apolinar tomaba como punto de partida el hecho de que Cristo es Dios y hombre. En su preocupación soteriológica, Apolinar expresaba que si Cristo es sólo hombre no sería capaz de salvar al pecador, ya que el hombre por sí solo no puede salvar a la humanidad. Ahora bien, si Cristo sólo es Dios, tampoco podría salvar ya que no podría ser mediador y sufrir la muerte del pecador.

Es ahí donde Apolinar entremezcló sus conocimientos filosóficos con los bíblicos, probablemente con el propósito de preservar la integridad de la Persona de Cristo. Con ese fin, Apolinar formuló una postura teológica que hacía uso del método empleado por Arrio, pero que le conducía en la dirección opuesta. Si la postura de Arrio negaba la perfecta deidad de Cristo, la de Apolinar negaba la perfecta humanidad del Señor.

Apolinar adoptó un estricto tricotomismo, basándose en textos tales como 1.a Tesalonicenses 5:23, Juan 1:14 y Romanos 8:3. Sobre esa base, concluía que Cristo asumió un cuerpo humano que poseía el principio de la vida, es decir, el alma, pero que el Logos divino tomó el lugar del espíritu o la parte racional más elevada del ser. Según Apolinar, Cristo no tenía un espíritu humano, aunque Su cuerpo y Su alma eran humanos. Era su creencia que si Cristo fuese hombre perfecto, no habría manera de garantizar Su impecabilidad y se produciría un problema serio al tratar de armonizar las dos voluntades.

Los teólogos de aquella época, particularmente los tres capadocios (Gregorio Nacianceno, Gregorio de Nisa y Basilio el Grande), respondieron y refutaron a Apolinar de manera contundente. Los capadocios respondieron que si Cristo no es verdadero hombre no sería posible explicar las limitaciones que demostró durante Su ministerio terrenal ni la lucha entre la voluntad humana y la divina (Lc. 22:42). También afectaría a Su capacidad para salvar ya que el pecado afecta al hombre en la totalidad de Su ser. De modo que es necesario que el Redentor sea totalmente divino y totalmente humano. Los capadocios comprendieron con toda claridad que la postura de Apolinar afectaba tanto a la Persona como a la obra de Cristo.27

Un beneficio práctico de la disputa con Apolinar, sin embargo, fue el hecho de que abrió de par en par la discusión tocante a las dos naturalezas de Cristo. Esta discusión se extendió a lo largo de un período de 300 años. No obstante, Apolinar fue condenado por el Concilio de Constantinopla del año 381 d.C. Los líderes de dicho concilio concluyeron que Cristo es una Persona divina que tomó para Sí naturaleza humana.

Nestorianismo

El llamado progreso del dogma puede verse claramente en el desarrollo de la doctrina tocante a la persona de Cristo. A medida que el tema era discutido y estudiado por los teólogos de la iglesia, se expresaban ciertas definiciones con el fin de aclarar conceptos considerados como cruciales para la formulación del Evangelio.

La discusión cristológica dio lugar a la formación de tres escuelas de pensamiento con matices distintos:

1. En el occidente, Tertuliano (150–220 d.C.) había expresado que en la Persona de Jesucristo estaban unidas, pero sin mezclarse, la completa naturaleza divina y la naturaleza humana. Tertuliano, sin embargo, enseñaba una especie de subordinacionismo (el Logos, Cristo, estaba subordinado al Padre). No obstante, afirmaba la absoluta deidad de Cristo y la coexistencia de las dos naturalezas (divina y humana) en la Persona de Jesús.

2. La segunda escuela de pensamiento surgió en Antioquía. Allí se concentraban teólogos tales como Diodoro de Tarso, Teodoro de Mopsuestia, Nestorio, Teodoreto y otros. Esta escuela se caracterizaba por el rechazo de la exégesis alegórica y la adopción de una hermenéutica gramatico-histórica. El énfasis cristológico primordial de la escuela de Antioquía estaba sobre la humanidad de Cristo, aunque ello no significaba en ningún sentido la más leve negación de la deidad del Señor.

3. La tercera escuela tenía su sede en Alejandría. Los hombres de influencia en esta escuela fueron Atanasio, los tres capadocios y Cirilo de Alejandría. El énfasis de estos teólogos recaía sobre la deidad de Cristo, primordialmente por razones soteriológicas. La influencia de Atanasio era incuestionable en la expresión del pensamiento de la escuela de Alejandría. Atanasio enfatizaba que «el Logos, quien era Dios desde la eternidad, se hizo hombre». No que el Logos habitase en el hombre, sino que se había hecho hombre.

Es de este trasfondo teológico que surgió la controversia con Nestorio y que originó lo que se conoce como Nestorianismo. Los de Alejandría procuraban defender la deidad de Cristo, aunque no negaban Su humanidad. Los de Antioquía, sin embargo, tenían en alta estima la obra de Dios en la historia, de modo que ponían mayor énfasis en la humanidad de Cristo aunque reconocían Su deidad absoluta.

En el año 428, Nestorio fue designado como patriarca de Constantinopla. Aunque un erudito de primera magnitud, Nestorio no se caracterizaba por su prudencia. Comenzó con un esfuerzo por detener el avance del arrianismo que continuaba causando estragos en la iglesia.

Nestorio comenzó una especie de cruzada teológica contra los predicadores que se referían a María como «madre de Dios» o «progenitora de Dios» (theotokos). En su lugar, Nestorio propuso el uso de la expresión «progenitora de Cristo» (Christotokos) o «madre de Cristo». En realidad, el patriarca de Constantinopla no pretendía negar la deidad de Cristo con su propuesta. No obstante, la aserción de Nestorio dejaba al descubierto que no comprendía el significado de la unión de las dos naturalezas (divina y humana) en la Persona de Cristo. Nestorio, sin embargo, correctamente insistía que María no era la madre de la naturaleza divina de Cristo.

Es muy posible que ni Nestorio ni sus seguidores inmediatos se suscribiesen a lo que más tarde se llamó nestorianismo. Algunos opinan que Nestorio fue condenado injustamente.34 Lo que sí es cierto es que algunos que se identificaban como seguidores de Nestorio enseñaban que si Jesús era Dios en la eternidad, entonces María no fue la madre de Su naturaleza divina (lo cual es cierto). Sin embargo, en Su humanidad, Cristo verdaderamente nació de la virgen María. La conclusión errónea, producto de la colusión de esos dos conceptos, fue que Jesús tenía que ser dos personas. La persona de Cristo, según los nestorianos, era similar a la de un cristiano en quien el Espíritu Santo (otra persona) habita. El Concilio de Efeso del año 431 d.C., condenó a Nestorio. El nestorianismo, sin embargo, se esparció en Egipto, el área oriental del imperio romano, Persia, India y aún hasta la China.

Eutiquianismo

La controversia nestoriana de la primera mitad del siglo v, dejó sus huellas en la vida de la iglesia. Nestorio fue destituido de su cargo como Patriarca de Constantinopla en el año 431 d.C., muriendo en el año 440. Cirilo de Alejandría temporalmente fue destituido de su cargo por orden del emperador Teodosio II y murió en el año 344 d.C. La muerte de estos dos hombres no puso fin a la disputa entre las dos escuelas por ellos representadas, aunque sí hubo una tregua por el año 433 d.C.37

La mencionada tregua tuvo como base una fórmula preparada por Teodoreto de Ciro, quien procuró eliminar los extremos en la disputa. Teodoreto dejó fuera la teoría de Cirilo de Alejandría. Cirilo había expresado de manera un tanto confusa la cuestión de la unión de las dos naturalezas de Cristo.39 Según Cirilo, en la unión de las dos naturalezas, la humana quedaba rezagada o dominada por el Logos. A veces daba a entender que de la unión de las dos naturalezas resultaba la formación de una sola naturaleza. Es más, muchos seguidores de Cirilo sí enseñaron que Cristo tenía una sola naturaleza después de la encarnación. Esta naturaleza era divina-humana, pero la humana había sido absorbida por la divina.41

Teodoreto también excluyó de su fórmula el concepto antioquiano de la combinación de las dos naturalezas. Debe recordarse que los de Antioquía hacían hincapié en la humanidad de Cristo. Los teólogos de Antioquía hablaban de una unión moral entre el Logos y la humanidad de Jesús. Teodoreto, además, descartó el apolinarismo con su concepto de que Cristo es un hombre perfecto con un alma racional. La fórmula de Teodoreto expresaba que Cristo to era «consustancial con nosotros en Su humanidad, porque ha habido la unión de dos naturalezas, por lo tanto, confesamos un Cristo, un Hijo, un Señor». De más está decir que la fórmula de Teodoreto no produjo la armonía más necesitada que deseada. Por el contrario, abrió las puertas a la gran controversia con el monje Eutiquio o Eutiques, progenitor del eutiquianismo.

El historiador Philip Schaff ha hecho la siguiente muy acertada observación:

Así como la teología antioquiana engendró al nestorianismo, que estiraba la distinción de las naturalezas humana y divina en Cristo hasta crear una doble personalidad, así también la teología alejandrina engendró el error del lado opuesto, es decir, el eutiquianismo o monofisitismo, que exigía la unidad personal de Cristo a expensas de la distinción de las naturalezas, y hacía al Logos divino absorber la naturaleza humana.

Eutiques (378–454 d.C.) era archimandrita de un monasterio en las cercanías de Constantinopla. Su teología era contraria a la expuesta por Nestorio.45 Eutiques, sin embargo, carecía de la suficiente erudición para formular por sí solo una cristología. En el año 448 d.C., Eutiques fue acusado de herejía y condenado por un sínodo reunido en Constantinopla. La acusación en contra de Eutiques fue que enseñaba que «después de la encarnación, Cristo tenía solamente una naturaleza.»

Eutiques, por lo tanto, dio origen a la herejía conocida como monofisitismo (de monofusis = una sola naturaleza) o eutiquianismo. Como seguidor de Cirilo, Eutiques, en verdad, estaba reaccionando en contra del nestorianismo que dividía a Cristo en dos personas. Su error, sin embargo, fue causado por el mismo problema que hizo errar a Nestorio, es decir, la incapacidad de distinguir entre naturaleza, y persona.

En su confusión teológica, Eutiques sostenía que Cristo estaba compuesto de dos naturalezas, pero no existía en dos naturalezas. La naturaleza humana se había fusionado con la divina, resultando en la formación de una sola naturaleza. Cristo no existía como humano en el mismo sentido en que nosotros somos humanos. La conclusión final de la cristología de Eutiques es que Cristo no era ni verdaderamente Dios ni verdaderamente hombre. Algunos de sus seguidores creían que aún el cuerpo de Cristo descendió del cielo.

El Concilio de Calcedonia del año 451 d.C., condenó a Eutiques y enfáticamente rechazó su cristología o «el concilio afirmó la doctrina de la unión inseparable e indivisible, sin confusión y sin cambio, de dos naturalezas perfectas y completas, la humana y la divina, en la Persona de Cristo». Los teólogos de Calcedonia hicieron su mejor esfuerzo para expresar en un lenguaje comprensible a la iglesia de aquellos días lo que ellos entendían de la Persona de Cristo. Por supuesto que cualquier esfuerzo resulta endeble cuando se trata de explicar un misterio tan incomprensible como lo es la encarnación de Dios.48 Se reconoce que Calcedonia no lo dijo todo ni resolvió todos los problemas tocante a la cristología, pero sí sentó bases firmes para la discusión de este tema. Calcedonia no lo dijo todo, pero dijo mucho y de gran importancia. Los teólogos de «Calcedonia notaron y así lo expresaron que en la persona singular de Cristo dos condiciones coinciden: deidad y humanidad. Y en su esfuerzo por decir eso, Calcedonia no dice nada más que lo que el Nuevo Testamento dice acerca de Cristo». Es cierto que se puede decir más acerca de Cristo que lo que dijo Calcedonia, pero, incuestionablemente, no se puede decir menos.50

Si bien es cierto que el conflicto cristológico de los cinco primeros siglos de la iglesia no quedó absolutamente delineado como resultado de las decisiones tomadas contra Arrio (Nicea 325 d.C.), Apolinar (Constantinopla, 381 d.C.), Nestorio (Efeso, 431 d.C.) y Eutiques (Calcedonia, 451 d.C.), sí puede decirse con un alto grado de certidumbre que dichas decisiones fueron fundamentales para la vida de la iglesia y sirvieron de parámetros para discusiones posteriores.

Monoteletismo

Se realizaron dos esfuerzos significativos con el fin de trastornar las decisiones del Concilio de Calcedonia (451). El primero fue el de los monofisitas, es decir, los que seguían manteniendo que Cristo sólo poseía una naturaleza después de Su encarnación. Los monofisitas se resistieron a aceptar las conclusiones de Calcedonia y comenzaron a esparcir sus doctrinas por el este, hasta Persia y por el sur, hasta Egipto.

El segundo esfuerzo en contra de las decisiones de Calcedonia se relaciona con la llamada controversia Monoteletista. El tema de la voluntad o voluntades de Cristo no fue discutido ni aun en Calcedonia. De modo que la cuestión no fue considerada sino hasta principios del siglo VII. La controversia en sí se inició con Sergio, el patriarca de Constantinopla durante el reinado de Heraclio (610–641).53 Cerca del año 630 d.C., Sergio, por razones más políticas que teológicas, aconsejó al emperador Heraclio que publicase un documento, expresando que «Cristo había hecho todas las cosas por medio de una sola energía divina-humana».55 Es indudable que la razón primordial por la que el emperador accedió a seguir el consejo de Sergio tenía su raíces en la necesidad de unir bajo una bandera a los disidentes monofisitas. El monoteletismo armoniza perfectamente con el monofisitismo, mientras que la doctrina de las dos naturalezas lo hace con la de las dos voluntades.

La polémica sobre la cuestión del monoteletismo comenzó en el año 633 y duró hasta el 680, fecha en que se reunió el sexto concilio ecuménico en Constantinopla. Al principio de la controversia Sergio consiguió el apoyo del Papa Honorio (625–638), quien posteriormente sería anatematizado y acusado de traicionar la cansa ortodoxa. Una vez más el tema soteriológico fue inyectado en la discusión. Los monoteletistas procuraban preservar la integridad de la persona de Cristo. Sostenían que si Cristo hubiese tenido dos voluntades, éstas hubiesen entrado en conflicto y la voluntad humana se hubiese rebelado contra la divisa. De modo que, según ellos, el concepto de un sola y única voluntad era la mejor manera de preservar la impecabilidad de Cristo.

Los que abogaban a favor de la dualidad de voluntades sostenían que para que la redención fuese completa tenía que incluir una perfecta humanidad. Si no hay voluntad humana, decían, no puede haber una humanidad completa. De modo que llegaban a la conclusión de que Cristo no pudo haber sido hombre completo sin una voluntad humana. Ciertos pasajes bíblicos eran citados para apoyar las enseñanza de las dos voluntades; «No se haga como Yo quiero, sino como Tú» (Mt. 26:39); «Pero no se haga Mi voluntad, sino la tuya» (Lc. 22:42); «Porque he descendido del cielo, no para hacer Mi voluntad, sino la voluntad del que me envió» (Jn. 6:38). Los pasajes mencionados enseñan tocante a la voluntad de Jesús en contraste con la voluntad del Padre celestial, pero no hacen referencia a una voluntad divina en el Señor. ¿Qué respuesta se le dio a tal objeción? Los líderes del sexto concilio ecuménico enfatizaron el hecho de que la voluntad divina de Jesús estaba en perfecta armonía con la del Padre hasta el punto de una completa identificación. La base de esa afirmación era que la Trinidad posee una sola voluntad.

La decisión del Concilio de Constantinopla (680–681) estaba en perfecta armonía con la cristología de Calcedonia. Es más, los teólogos reunidos en Constantinopla tomaron como base las conclusiones de Calcedonia (451). Proclamaron que en Jesucristo hay dos voluntades naturales que no se contradicen entre sí, sino que Su voluntad humana se sujeta a Su voluntad divina.

Resumiendo, en aproximadamente tres siglos y medio de discusión cristológica, la iglesia, a través de sus líderes, se pronunció con amplitud tocante a cuestiones que han sido de vital importancia para la vida del cristianismo. En Nicea (325) se proclamó que Cristo es de la misma substancia que la Padre y, por lo tanto, es Dios. En Constantinopla (381) se definió la identidad de Cristo con la humanidad y se declaró que Jesús es hombre perfecto e impecable. En Efeso (431) se definió que Jesús es una sola persona. En Calcedonia (451) se afirmó que Jesús es una persona única que posee dos naturalezas, la divina y la humana. Estas naturalezas coexisten en Cristo sin confusión o mezcla, sin cambio, sin división y sin separación. En Constantinopla (680–681) se concluyó que en Jesús operaban dos voluntades, la humana y la divina. La voluntad humana de Jesús, sin embargo, estaba sometida a la divina de manera armoniosa y perfecta.

Adopcionismo

Con ese nombre se conoce la controversia cristológica que tuvo lugar en el siglo VIII. El adopcionismo ha sido considerado como un avivamiento del nestorianismo, aunque en forma modificada.57 La cuestión parece haber comenzado cuando un personaje, del cual muy poco se conoce, llamado Migetio escribió un trabajo, pretendiendo resolver el problema de la Trinidad. Se dice que Migetio no distinguía entre el Logos y Cristo, dando a entender que «la segunda persona de la Trinidad no existía antes de la encarnación».

La teoría de Migetio se asemejaba mucho al sabelianismo, aunque un tanto desfigurado. Decía Migetio que en la Trinidad hay tres personas corporales: «El Padre (David), el Hijo (Jesús, la simiente de David), y el Espíritu Santo (Pablo).» De modo que Migetio proponía una triple manifestación histórica de Dios al estilo de los modalistas del siglo II.

La responsabilidad de refutar a Migetio recayó sobre Elipando, arzobispo de Toledo, quien como teólogo era de segunda magnitud. Elipando, sin embargo, buscó la ayuda de Félix, obispo de Urgel, hombre mucho más capaz en cuestiones teológicas. Elipando y Félix sostenían la existencia de dos modos completamente distintos de relación filial entre Cristo y el Padre. Primeramente está en relación entre Cristo y el Padre como segunda persona de la Trinidad. En ese sentido Cristo el Unigénito del Padre y como tal pudo decir: «Yo y el Padre uno somos» (Jn. 10:30). Sin embargo, como el hijo de María, Cristo es el primogénito entre muchos hermanos y como tal es Hijo de Dios por adopción. Es en esa relación de adopción que Jesús dijo: «El Padre es mayor que Yo» (Jn. 14:28).

El error fundamental del adopcionismo radicaba en el énfasis dado a una supuesta relación filial entre Cristo y el Padre. Una vez más, el meollo de la cuestión fue la incapacidad de parte de los adopcionistas de distinguir entre naturaleza y persona. Los adopcionistas, tal vez sin proponérselo, enseñaban una dualidad de persona en Cristo. Al enseñar que Cristo, en lo que respecta a Su naturaleza humana, era Hijo de Dios sólo nominalmente por adopción, mientras que, según Su naturaleza divina, era realmente el Hijo eterno de Dios, los adopcionistas daban a entender que creían en la existencia de dos personas en Cristo.

Dos asturianos se opusieron a la teoría adopcionista. Fueron ellos Beato y Heterio de Liébana. En una carta a Elipando, Beato subraya que su preocupación primordial era el hecho de que el arzobispo de Toledo tendía a «dividir la persona de Cristo». En el acto de la encarnación, Cristo no tomó para sí una persona humana, sino una naturaleza humana perfecta. De modo que el Señor siempre ha sido una persona divina quien desde la encarnación posee dos naturalezas.

Con toda honradez, es necesario subrayar que los adopcionistas rechazaban el nestorianismo; es más, lo combatieron. Sin embargo, no se percataron que en su afán por resolver un problema (explicar la relación de la humanidad de Jesús con Dios el Padre), crearon otro tal vez mayor. El adopcionismo fue rechazado y condenado por los sínodos de Regensburgo (792), Francfort (794) y Aachen o Aquisgrán (799). Aunque no es de dudarse que intervinieron cuestiones políticas en la controversia adopcionista,64 lo cierto es que la discusión del problema reflejaba en gran parte la tensión teológica de aquellos tiempos y el hecho de que entonces, como hoy, muchos procuran entender el misterio de la Persona de Cristo haciendo uso del racionalismo humano.

Resumen y conclusión

Por lo que se ha considerado a través de estas páginas, el lector puede percatarse de la lucha que se ha librado en el proceso de expresar con claridad una respuesta a la pregunta: ¿Quién es Jesucristo? Algunos lo han visto como un mero hombre, otros como una especie de ángel o ser superior al hombre. Para algunos Cristo es Dios desprovisto de todo trazo de humanidad, mientras que para otros es algo así como mitad Dios y mitad hombre.

Los teólogos que se han apegado a la Biblia no han ignorado ni minimizado las dificultades de definir la persona de nuestro Señor. Esos hombres, vieron, sin embargo, que tan crucial era para el cristianismo establecer la doctrina de la deidad de Cristo como afirmar la de Su humanidad. También vieron que el Señor es una sola persona y que como tal se ofreció por los pecados de la raza humana. De modo que aquellos líderes procuraron armonizar verdades complejas sin contradecir el texto bíblico y expresaron sus conclusiones en un vocabulario que era comprensible a la mayoría de los estudiosos de aquellos tiempos. Como ya se ha observado, se puede decir más, tal vez mucho más, de lo que aquellos hombres dijeron, pero no se puede decir menos. Descartar o menospreciar su labor constituiría un error lamentable. Abandonar o descuidar la reflexión sobre este tema sería igualmente perjudicial. Es imprescindible e insoslayable, sin embargo, que todas nuestras investigaciones y conclusiones tengan el aval de la Palabra de Dios. Las Escrituras dan testimonio de Cristo. No sólo los Evangelios, sino también la Ley y los Profetas.

La Cristología de los Escolásticos y los Reformadores

ESCOLASTICISMO ES EL NOMBRE con que se designa la teología de la edad media. Este movimiento intelectual tuvo sus raíces en el renovado interés hacia el estudio de la filosofía, por un lado, y el avivamiento del misticismo pietista que surgió a principios del siglo XII. Los escolásticos procuraban reconciliar el dogma con la razón y establecer un sistema ordenado de doctrina, generalmente conocido como suma teológica.

Los escolásticos no hicieron ninguna contribución original al estudio de la exégesis o de la teología bíblica. Por lo general, aceptaban las conclusiones de los concilios sin objeción y se sujetaban a la autoridad de las Escrituras. Partiendo de la premisa de que toda verdad es de Dios, los escolásticos apelaban a la filosofía platónica, la lógica aristotélica y a otras fuentes seculares que apoyasen sus conclusiones.

Abelardo y Lombardo

Pedro Abelardo (1079–1142) sobresalió como teólogo crítico. Fue un hombre cuidadosamente preparado en la literatura clásica y con una indiscutible capacidad para debatir los temas tanto filosóficos como teológicos que ocupaban la atención de los estudiantes de aquellos tiempos.

En cuanto a la doctrina de Cristo, Abelardo seguía el patrón occidental, particularmente las enseñanzas de San Agustín. Sin embargo, los razonamientos filosóficos de Abelardo lo hicieron vulnerable a acusaciones de que era modalista, arriano y nestoriano.[4] La sospecha de modalista proviene de su afirmación de que «Dios, como poder, es Padre; como sabiduría, es el Hijo; como amor, el Espíritu». Su declaración de que en Cristo hay una persona con dos sustancias o naturalezas era aceptable, pero no clara, de modo que algunos veían tintes de arrianismo en su enseñanza. Finalmente, al decir que «Cristo es el hombre asumido por el Logos», se acercaba demasiado al concepto de las dos personalidades sostenido por el nestorianismo. Puede decirse, por lo tanto, que Abelardo contribuyó muy poco o casi nada a la discusión cristológica y lo que dijo quedaba sujeto a interpretaciones desafortunadas.

Pedro Lombardo, reconocido como «el padre de la teología sistemática», fue, sin duda, la personalidad más significativa e influyente de la primera mitad del período escolástico. Su famosa obra, Cuatro Libros de Sentencias, fue el libro de texto por excelencia hasta que apareció la Suma Teológica de Tomás de Aquino.

En el área de la cristología, Lombardo siguió de cerca las fórmulas adoptadas por los distintos concilios. Se refiere al hecho de que la segunda Persona de la Trinidad asumió una naturaleza humana impersonal. El Logos tomó para sí la carne y el alma, pero no la persona de un hombre. Pedro Lombardo, sin embargo, confrontaba problemas con respecto a la humanidad de Cristo. En la encarnación, según Lombardo, «el Logos tomó la naturaleza humana sólo como una vestidura para hacerse visible ante los ojos de los hombres». Debido a que Lombardo, siguiendo las fórmulas de los varios concilios, declaró que la naturaleza humana de Cristo no debe de concebirse como personal, algunos entendieron tal afirmación como que «Cristo, según su naturaleza humana, no es ni una persona ni nada».11 Sin embargo, los que acusaban a Lombardo de creer cosa semejante no pudieron encontrar nada en sus escritos que sugiriese tal creencia en el gran escolástico. En resumen, Pedro Lombardo deseaba expresar tan enfáticamente el carácter impersonal de la naturaleza humana de Cristo que se expuso a fuertes críticas y a acusaciones tales como sabelianismo, docetismo, arrianismo, etc., aunque es evidente que ni enseñaba ni creía ninguna de esas herejías.

Cristología

La teología del siglo XIII tuvo su mejor expresión en Santo Tomás de Aquino. Tomás de Aquino fue el hijo de un aristócrata italiano. Estudió con el gran maestro Alberto el Magno y fue miembro de la orden de los dominicos. Fue profesor de teología en París, Nápoles y Roma. Escribió comentarios sobre Aristóteles, el Antiguo y el Nuevo Testamento. Su obra cumbre, la Suma Teológica, fue reconocida como la teología oficial de la Iglesia Católica Romana. Por su gran erudición y contribución a la literatura teológica, Tomás de Aquino ha sido llamado el «Doctor Angélico».

La cristología de Tomás de Aquino no era original en ningún sentido, sino que se apegó al dogma tradicional de la iglesia expresado a través de los concilios. Fue influido por los escritos de Cirilo de Alejandría de manera decisiva.15 Aquino mantenía que el Logos-persona había tomado para sí naturaleza humana impersonal. En esto, era de un mismo pensar con Pedro Lombardo. Al igual que muchos de sus contemporáneos, Tomás de Aquino confrontaba serias dificultades en expresar la relación entre las dos naturalezas de Cristo. Sin embargo, en términos generales, puede decirse que el Doctor Angélico seguía la línea tradicional mantenida por la iglesia tocante a la Persona de Cristo.

Una mención, aunque sea breve, debe de hacerse tocante a la cristología de Juan Duns Escoto. Nacido en la segunda mitad del siglo XIII (entre los años 1265 y 1274), Escoto representa el período final del escolasticismo. El énfasis principal de la cristología de Escoto estaba sobre la humanidad de Cristo, aunque distinguía la existencia de dos naturalezas en la Persona del Señor. Es evidente que Escoto dedicó más tiempo al estudio de las características de la humanidad de Cristo que la mayoría de los escolásticos. Se expresó tocante al conocimiento de Jesús, diciendo que, debido a la unión con el Logos, «poseía por lo menos un conocimiento inherente de todas las universales, pero que estaba sujeto a la necesidad de obtener conocimiento progresivo de las cosas individuales y accidentales de modo que Lucas 2:40 debe de ser entendido como un progreso real». La unión de las dos naturalezas guarda una relación de subordinación. La naturaleza humana está subordinada a la divina, pero la naturaleza divina no es en modo alguno limitada por su relación con la humana.

En resumen, como en muchas otras doctrinas, la cristología de los escolásticos siguió muy de cerca las conclusiones de los concilios (desde Nicea hasta Constantinopla III) Si bien es cierto que los teólogos de la Edad Media, incluyendo a Abelardo, Lombardo, Aquino, Escoto, Guillermo de Occam y otros, muchas veces apelaban con mayor frecuencia a los argumentos filosóficos que a las Escrituras, también es cierto que fueron hombres que podían pensar teológicamente. Aunque el escolasticismo no se caracterizó por grandes avances en el desarrollo de las doctrinas, sí preparó el camino para los reformadores.

LA CRISTOLOGIA DE LOS REFORMADORES

Una de las grandes bendiciones relacionadas con la reforma del siglo XVI fue el énfasis dado al estudio de las Escrituras. También se dio énfasis a la interpretación histórico-gramatical del texto bíblico. Como ha escrito Berkouwer:

Pero la verdadera revolución en la hermenéutica surgió con el período de la reforma. No fue Erasmo, sino Lutero, y especialmente Calvino, quien deseaba oír de nuevo lo que el texto mismo dice, y estuvieron más conscientes de los peligros de una interpretación arbitraria.

Cierto que nada supera en importancia para el estudio de cualquier doctrina de las Escrituras tanto como una hermenéutica correcta. Un sistema de interpretación defectuoso desembocará irremisiblemente en una teología defectuosa. En ninguna otra área de la teología ese hecho ha sido más evidente que en la cristología.

La cristología de Lutero

La teología de Martín Lutero era eminentemente cristocéntrica. El gran reformador abrazó el dogma cristológico de la iglesia primitiva. Para él no había otro Dios fuera de Cristo. Lutero afirmó que Jesucristo es verdadero Dios, nacido del Padre en la eternidad, y también verdadero hombre, nacido de la virgen María. Reconoció la coexistencia de las dos naturalezas en la Persona de Cristo. Lutero enfatizaba el hecho de que Cristo es una sola persona y que no sólo Su naturaleza humana sufrió en la cruz, sino la totalidad de Su persona.

Martín Lutero enfatizaba, además, la verdadera humanidad de Cristo. El gran reformador reconocía la existencia de una estrecha relación entre la Persona y la Obra de Cristo. Tal vez, su comentario sobre el texto de Juan 1:14 expresa de manera elocuente el pensamiento de Lutero mejor que cualquier otra cosa que pudiese decirse:

Al principio del capítulo, el evangelista llamó al Verbo Dios, luego una Luz que venía al mundo y creó el mundo pero no fue aceptado por el mundo. Ahora usa el vocablo «carne». El condescendió para asumir mi carne y sangre, mi cuerpo y alma. No se hizo un ángel y otra criatura sublime; se hizo hombre. Esta es una demostración de la misericordia de Dios hacia seres humanos maduros; el corazón humano no es capaz de comprenderlo, mucho menos explicarlo.

Comentando Juan 1:1, Lutero expresa:

Cuando Dios creaba a los ángeles, el cielo, la tierra y todo lo que contiene, y todas las cosas comenzaron a existir, el Verbo ya existía. ¿Cuál era su condición? ¿Dónde estaba El? A eso San Juan da una respuesta tan buena como lo permite el tema: «Él era con Dios, y Él era Dios.» Eso equivale a decir: Él era con Dios y por Dios; Él era Dios en sí mismo; Él era el Verbo de Dios. El Evangelista claramente distingue entre el Verbo y la Persona del Padre. Hace énfasis en el hecho de que el Verbo es una Persona distinta de la Persona del Padre.

Para Lutero «el Jesús histórico es la revelación de Dios». Mantenía, además, «la doctrina de las dos naturalezas y su unión inseparable en la Persona del Logos». En estas afirmaciones, Lutero manifestaba su ortodoxia bíblica. Sin embargo, la cristología de Lutero ha sido impugnada a raíz de la afirmación luterana de que la naturaleza humana de

Cristo participa de los atributos de Su naturaleza divina. Una implicación de tal postura es el concepto luterano de la omnipresencia del cuerpo de Cristo.24 De ahí se deriva la creencia de que, en la Cena del Señor, los elementos del pan y el vino contienen el cuerpo de Cristo. No obstante, a pesar de esa desviación, Lutero y el luteranismo ortodoxo sostienen sin reserva la cristología tradicional expresada por los concilios eclesiásticos.

La cristología de Calvino

Juan Calvino fue, sin duda, el gran teólogo de la Reforma. Su obra cumbre, Institución de la Religión Cristiana, dio expresión a la teología reformada y ha servido de base para muchos estudios posteriores. Calvino se suscribía sin titubeos al credo de Calcedonia. Afirmaba que Cristo es una Persona divina quien asumió naturaleza humana en el acto de la encarnación.

También reconocía Calvino la humanidad de Cristo, expresándolo de este modo:

Respecto a la afirmación que «el Verbo fue hecho carne» (Jn. 1:14), no hay que entenderla como si se hubiera convertido en carne, o mezclado confusamente con ella; sino que en el seno de María ha tomado un cuerpo humano como templo en el que habitar; de modo que el que era Hijo de Dios se hizo también hijo del hombre; no por confusión de la sustancia, sino por unidad de la Persona. Porque nosotros afirmamos que de tal manera se ha asumido que cada una de estas dos naturalezas retiene íntegramente su propiedad, y sin embargo ambas constituyen a Cristo.

Es cierto que Calvino enfatizó la realidad de las dos naturalezas en la Persona de Cristo, pero no por ello dejó de hacer hincapié en la unidad de la Persona de nuestro Señor. Es así que refirió a Nestorio con estas palabras:

Debemos sentir horror de la herejía de Nestorio, el cual dividiendo, más bien que distinguiendo las naturalezas de Jesucristo, se imaginaba en consecuencia un doble Cristo.

Cristología

El repudio de Calvino del error de Eutiques fue rotundo. Calvino reconoció lo que la Biblia enseña con toda claridad, es decir, que en la Persona del Cristo histórico se manifiestan tanto los atributos de humanidad como los de deidad. De modo que Calvino mantenía la fe tradicional de la iglesia expresada en las fórmulas conciliares. Sus naturalezas, la humana y la divina, que no podían ser separadas ni confundidas, pero que sí pueden ser distinguidas.

El trinitarismo de Juan Calvino se puso de manifiesto en su refutación y condena de Miguel Servet. De origen español, Servet procedía de una familia estrictamente ortodoxa. Se trasladó a Francia, huyendo de la inquisición y allí comenzó a estudiar las Escrituras. Parece ser, sin embargo, que Servet se adentró en estudios de naturaleza más filosófica que teológica. Esto le indujo a rechazar todo aquello que no pudiese ser demostrado por medio de la razón y la lógica. De modo que Servet concluyó que «el Hijo de Dios no puede ser eterno ya que era una combinación efectuada en un punto de tiempo del Verbo eterno y el hombre Cristo Jesús».[31]

Calvino rechazó la tesis de Servet que negaba la eternidad, la deidad de Cristo y, en cierto sentido, la verdadera humanidad de Cristo. Dijo Calvino: «Su astucia tiende a que, destruida la distinción entre las dos naturalezas, Cristo queda reducido a una especie de mezcla y de composición hecha de Dios y de hombre, y que, sin embargo, no sea tenido ni por Dios ni por hombre.» En resumen, la cristología de Calvino, al igual que la de Lutero, se mantuvo dentro de la corriente ortodoxa de la fe cristiana reconocida a lo largo de la historia de la iglesia. Por supuesto que ha sido necesario refinar algunos de los conceptos expresados por Calvino para que sean mejor comprendidos por otras generaciones, pero, sin duda, el artículo 11 de la Segunda Confesión Helvética, titulado «Jesucristo, Dios y hombre Verdadero y único Salvador del Mundo» expresa con mayor claridad el pensamiento de la teología de Juan Calvino y sus seguidores.

La herejía de Socino

Una nota adicional tocante a la cristología de fines del siglo XVI fue la postura tomada por el italiano Fausto Socino (1539-1604). Socino fue una especie de librepensador quien organizó un grupo que eventualmente se convirtió en una secta anti-trinitaria. Las ideas de Fausto en realidad se habían originado con su tío Lelio Socino. Lelio mantuvo un período de correspondencia con Calvino, expresando sus dudas tocante a varias doctrinas bíblicas que incluían la de la Trinidad y la muerte vicaria de Cristo.

Tanto Lelio como Fausto Socino rechazaban los credos formulados por los concilios. Negaban que la muerte de Cristo hubiese aplacado la ira de Dios. Afirmaban que Cristo es nuestro Salvador únicamente en el sentido de que nos señala el camino de la vida eterna. La salvación del hombre viene como resultado de imitar a Cristo.

Aunque los socinianos decían fundarse en las Escrituras, daban a entender que el Antiguo Testamento, aunque inspirado, era prácticamente superfluo, teniendo valor histórico pero no dogmático. Asimismo admitían que los apóstoles eran capaces de errar en asuntos secundarios. Según Socino, las doctrinas, para ser creídas, deben de estar basadas en las normas estrictas de la lógica. Por esa causa, rechazaban las doctrinas de la Trinidad, la preexistencia de Cristo, la unión de las dos naturalezas y otras más que no pueden demostrarse mediante la lógica.

Los socinianos afirmaban creer que Cristo había sido concebido sobrenaturalmente por la virgen María, pero lo consideraban un simple hombre, enviado al mundo por un Dios benevolente para mostrar al hombre el camino de la salvación, no para morir en lugar del pecador. Es cierto que Socino distinguía a Cristo de todos los demás hombres a causa de Su nacimiento virginal, Su impecabilidad, Su bautismo del Espíritu Santo, pero aún así lo reducía al mero hombre histórico Jesús de Nazaret. Curiosamente, Socino creía que Jesús debía de ser adorado y, aún más, podía llamársele Dios. Sin embargo, afirmaba que Dios no está personalmente presente en Jesús. Desafortunadamente, la cristología de Fausto Socino no desapareció por completo de la vida de la iglesia, sino que con diferente ropaje ha hecho su aparición a lo largo de los siglos. La cristología contemporánea por ejemplo, ha adoptado mucho de las creencias del italiano Socino.

En resumen, tanto los escolásticos de la edad media como los reformadores del siglo XVI aceptaron las formulaciones cristológicas enunciadas por los concilios. Los escolásticos enfocaron el tema más desde el punto de vista filosófico que desde el exegético. Algunos de ellos hacían más hincapié en la humanidad que en la deidad de Cristo, aunque sin negar esta última. Los reformadores partieron, generalmente, de la exégesis del texto bíblico. Usaron una hermenéutica gramático-histórica y se suscribieron a la cristología tradicional, particularmente a la fórmula de Calcedonia. Con todo eso, hubo brotes de anti-trinitarismo como en los casos de Miguel Servet y Fausto Socino. No obstante, las bases quedaron establecidas y los parámetros colocados para las discusiones cristológicas subsiguientes.

La Cristología Durante los Siglos XVIII y XIX

LA TRANSICIÓN DE LA EDAD MEDIA a la moderna quedó completada, según algunos historiadores, en el año 1600. Con el siglo XVII, una nueva era tuvo su comienzo. Esta nueva era ha sido llamada «la edad de la razón» o «la era de las luces». Los intelectuales de esa era pusieron su fe en el poder de la razón. Estos hombres enfatizaban que mediante el uso de sus facultades naturales el hombre es capaz de llegar a conocer el secreto de la naturaleza y de su propia persona. Todo conocimiento que no es producto de la razón es sospechoso o espurio. Todas las cosas, ya sea creencias, costumbres, leyes, instituciones, deben sujetarse al escrutinio de la razón. Como es de suponerse, ese acercamiento surtió efecto en el estudio y la enseñanza de los dogmas del cristianismo.

Varias corrientes filosóficas ocuparon la atención de los intelectuales del siglo XVII. El racionalismo trataba de encontrar una respuesta producto de la inteligencia humana que explicase el porqué del universo y del hombre. En Francia surgió René Descartes, en Holanda el judío Benito Espinoza, en Prusia Gottfried Leibniz. Estos hombres tenían un trasfondo científico. Para ellos, algo era real si podía demostrarse por medio de una investigación exhaustiva que convenciese la razón humana.

Otra corriente filosófica surgida en el siglo XVII fue el empiricismo. Los nombres más sobresalientes entre los empericistas fueron Locke, Berkeley y Hume. Para estos hombres la experiencia era la base del conocimiento. La capacidad de comenzar dudando de la realidad de una cosa hasta que fuese conocida mediante la experiencia era de vital importancia. Esto condujo a muchos al escepticismo. Otros, con trasfondo religioso, abrazaron el deísmo, es decir, la creencia de que existe un Dios que no se relaciona con la creación. El universo es gobernado por leyes naturales y no necesita de ningún otro control.

Ese racionalismo filosófico del siglo XVII penetró con fuerza en las esferas de la iglesia cristiana. Un resultado de la influencia racionalista fue el brote del movimiento pietista como una reacción en contra del racionalismo. El pietismo floreció paralelamente con el racionalismo y en algunos casos produjo avivamientos religiosos que frenaron, por lo menos temporalmente, el auge del secularismo. En algunos casos los mencionados avivamientos fueron profundamente subjetivistas, pero, en otros, eminentemente evangelísticos.

El racionalismo del siglo XVIII (y la primera parte del XIX) alcanzó su cénit con la filosofía de Emanuel Kant. Nacido y educado en Prusia, Kant combinó el racionalismo de Descartes y el empiricismo de Locke. Kant distingue ciertas categorías de conocimiento. Para él, existen objetos de especulación racional, es decir, noumeno. Según Kant, es imposible tener posesión cognoscitiva de lo que es noumena. El hombre puede conocer lo que es phenomena, es decir, lo que se presenta ante él para su conocimiento. Phenomena son los objetos de una posible experiencia. De ahí que Kant negaba que el hombre pudiese alcanzar «un conocimiento histórico y objetivo de la revelación de Dios y de la Biblia». Kant consideraba a Cristo como la idea abstracta de la perfección ética o de la unidad moral con Dios. Lo que salva, según él, no es Jesús como persona, sino la fe en ese ideal ético de perfección. Cristo es la encarnación del bien moral venido a la tierra y la Biblia relata historias solamente apropiadas para las masas ignorantes, según Kant.[5]

Ese trasfondo filosófico de los siglos XVII y XVIII influyó de manera poderosa en el pensamiento teológico del siglo XIX y, bien podría decirse, aun hasta nuestros días. Los filósofos racionalistas sentaron las bases tanto para la crítica bíblica como para la teología liberal. El liberalismo teológico, incuestionablemente, dejó sentir su influencia en la doctrina de la Persona y la Obra de Cristo.

Cristología

Fundamentos de la cristología moderna en Schleiermacher y Ritschl

Friedrick Schleiermacher nació en Prusia en el año 1768. Su padre era un capellán perteneciente a la fe reformada. Fue educado bajo la influencia del movimiento pietista moravo. Tanto la filosofía de Kant como la de Espinoza formaron parte de los estudios de Schleiermacher. Fue un respetado profesor universitario y contribuyó decisivamente al establecimiento de la Universidad de Berlín en el año 1810, donde enseñó teología por varios años. La contribución de Schleiermacher a la literatura teológica fue significativa. Su pensamiento teológico abarca 11 tomos, sus sermones 15 y sus consideraciones filosóficas 9. Su obra más importante lleva como título La Fe Cristiana, en la que trata de presentar un nuevo acercamiento al cristianismo en forma sistemática.

En lo que respecta a la cristología, Schleiermacher tenía muchas cosas buenas que decir tocante a Jesús, pero en todo caso lo deja al nivel de un mero hombre. Cristo es, según Schleiermacher, el arquetipo de la humanidad, centro de la esfera religiosa, un ser consciente de Dios. ¿Quién era Cristo para Schleiermacher? «Un hombre que anduvo tan cerca de Dios que podría decirse que Dios habitaba en El». Ni la concepción sobrenatural, ni la resurrección, ni los milagros, ni la segunda venida de Cristo tenían importancia para este teólogo.

Cristo provee salvación no a través de una muerte substitutoria, sino por el hecho de que comunica al hombre el poder de su conciencia de Dios. Tal conciencia de Dios produce la bendición redentora. Cristo vive únicamente en el sentido de su influencia en la iglesia, no porque haya resucitado de los muertos. Resumiendo, Schleiermacher tenía un concepto sabeliano de la deidad. Dios se ha manifestado de tres diferentes modos: 1) la creación, 2) redención y 3) la obra del Espíritu Santo. Cristo no es la segunda persona de la Trinidad, sino un hombre que ha alcanzado la más pura conciencia de Dios. Para Schleiermacher, Cristo era la humanidad poseída por Dios y no Dios manifestado en carne. En fin, Schleiermacher puso en movimiento la llamada cristología antropocéntrica que en nuestros días está reverdeciendo como la vara de Aarón.

Albrecht Ritschl (1822–1889), medio siglo después, continuó el trabajo comenzado por Schleiermacher. Ritschl, considerado como un neokantiano, fue profesor de teología en la Universidad de Gottinga desde 1864 hasta su muerte.9 Como discípulo de Kant, rechazó las consideraciones metafísicas y colocó la ética como el corazón de la religión.

Respecto a la cristología, la meta de Ritschl era alejarla lo más posible de la perspectiva especulativa o metafísica.

Lo peculiar de su cristología es que, para buscar de nuevo el favor o para hacer accesible una evaluación más alta de la persona de Cristo a la conciencia común del presente, elimina de la cristología convencional todo lo que podría producir choque con las ciencias naturales, o con las leyes de la historiografía, o con la crítica histórica presente.

Es así que Ritschl, al igual que Schleiermacher, presenta a Cristo desde una perspectiva antropocéntrica. El valor de Su persona se ve a través del carácter de Su obra. Es decir, que Cristo era un simple hombre «pero en vista de la obra que realizó y del servicio que prestó se le atribuye correctamente el predicado de deidad».14 Es la vida de Cristo en la tierra, como hombre, lo que produce la completa revelación del amor de Dios. Ni los sufrimientos ni la muerte de Cristo por sí mismos tienen valor redentor alguno. El valor está en que esos hechos demuestran que Jesús fue fiel a Su llamamiento divino. Ritschl no le otorga importancia alguna a la preexistencia de Cristo, mucho menos a la cuestión de las dos naturalezas. Del mismo modo, descarta la doctrina de la Segunda Venida de Cristo así como la del juicio futuro. En resumen, Ritschl consideraba que la tarea del teólogo es estudiar al Jesús histórico sin ocuparse de cuestiones tales como «naturalezas» o «persona». Según él, esas son cuestiones metafísicas, no teológicas.

OTRAS CRISTOLOGIAS DEL SIGLO XIX

Por razones de espacio se mencionarán de manera escueta algunos otros sistemas cristológicos surgidos en el siglo XIX. Varios de estos sistemas prevalecen aún con algunas modificaciones y con nombres diferentes.

La escuela de Hegel

G. W. F. Hegel (1770–1831) creía en la existencia de una mente universal de la que toda persona u objeto participa. Hegel definía la realidad como «la evolución de la Razón Absoluta mediada por la naturaleza y la historia». La historia es la autorrealización de Dios mediante el proceso de la experiencia humana.16 La razón humana es un espejo de la razón eterna. De modo que, en el último análisis, la realidad es algo espiritual.

En el orden filosófico, Hegel contribuyó con la formulación de un sistema dinámico de razonamiento, conocido como dialéctica. Este sistema es un derivado del concepto hegeliano de que todo el universo es una especie de enorme sistema racional a través del cual todas las cosas están relacionadas. Nada en el mundo existe aisladamente. Toda cosa está relacionada con lo que está más cerca de ella. Hegel decía que lo real es racional y lo racional es real.

Tocante a la cristología, Hegel evitó antagonizar abiertamente con la iglesia, pero sí consideraba que la importancia del Cristo histórico había sido entendida erróneamente y, por lo tanto, necesitaba hacerse un reajuste. Es aquí donde Hegel mezcla sus conceptos filosóficos con los teológicos. La enseñanza de la iglesia acerca de la encarnación es un símbolo metafísico que ayuda a comprender y a generar fe en el Dios-humanidad. Es mediante ese símbolo como se percibe la encarnación universal, mediante la cual la vida del hombre y la de Dios forman una unidad que relaciona lo universal con lo particular y en esa unión ambos encuentran su realización.

¿Qué valor o qué función tenían para Hegel la muerte, la resurrección y la glorificación de Cristo? Eran cuadros magníficos de ideas ontológicas. Nos hablan, primeramente, del hombre en su estado de alienación y finitud, sujeto a la negación y a la disolución. Sin embargo, también nos habla de la humanidad vista en unión con el Infinito, donde adquiere una alta posición en el proceso total del universo.20

La cristología de Hegel refleja un interés menor en la Persona de Jesús que en lo que se creía acerca de él. La encarnación simboliza el concepto de la unidad entre Dios y el hombre.22 La encarnación del Verbo y su presencia entre los hombres tiene que ver con el proceso de la realización de Dios en la historia humana. Es que «Hegel está interesado en el Dios-hombre sólo como una construcción lógica, y no como una Persona viviente». La cristología, para Hegel,

afirma sencillamente que Dios viene a ser Espíritu (Geist Wird), y esto puede tener lugar solamente en un espíritu finito, en el hombre; en quien surge la conciencia de lo Absoluto, y quien entonces es de igual manera la conciencia que de sí mismo tiene lo Absoluto.

En resumen, la cristología de Hegel es elevadamente filosófica y especulativa. La base fundamental no es la Biblia, sino la dialéctica. El punto de partida es el idealismo metafísico y no el Dios Soberano actuando en armonía con Su eterno propósito. Su teoría de que la historia es la autorrealización de Dios en y a través del proceso de la experiencia humana lo coloca como uno de los precursores de la llamada teología del proceso, muy generalizada en esta segunda mitad del siglo XX.

La cristología de David F. Strauss (1808–1874)

David F. Strauss nació en Ludwigsburgo, Alemania. Fue discípulo de Ferdinand C. Bauer, el afamado profesor de historia eclesiástica y teología dogmática de la universidad de Tubinga. Entre los años 1835–1836, Strauss publicó el primer tomo de su otrora famosa y muy leída obra Vida de Jesús. La publicación de dicha obra provocó una fuerte reacción de crítica en contra de su autor. En su Vida de Jesús, Strauss pretende desentenderse tanto de la interpretación racionalista como de la conservadora en su estudio de los evangelios. En su lugar, Strauss ofrecía otra alternativa que él llama «mítica».28

La historia de los evangelios recibida por la iglesia, según Strauss, «es en su mayor parte una colección de mitos acumulados gradualmente en la sociedad cristiana primitiva... Muy poca cosa de índole histórica es verificable tocante a Jesús mismo, y lo poco que hay en todo caso es totalmente incapaz de sostener el peso del dogma cristológico. En realidad, la identificación de una divinidad humana con la Persona de Jesús se debe no al pensamiento científico, sino a la imaginación religiosa; porque aunque Jesús fue incuestionablemente el pionero en posesionarse de la idea de que la deidad y la humanidad son una en esencia, aun así el Cristo de la fe (es decir, no la realidad histórica de la encarnación, sino la noción abstracta) en ningún sentido es coincidente con individuo de clase alguna».

Es decir que, según Strauss, el conocimiento histórico que se tiene de Jesús es prácticamente insignificante de modo que puede ser descartado. El dogma cristológico que la iglesia enseña tocante a Cristo tiene un valor especulativo y espiritual, siempre y cuando no se le conceda propiedad histórica. De modo que está bien hablar del nacimiento sobrenatural de Jesús, Sus milagros, Su resurrección y Su exaltación si tales cosas se consideran como símbolos de una idea metafísica, no como realidades históricas.

Strauss opinaba que el Mesías era un personaje imaginario producto de las leyendas del Antiguo Testamento. Los judíos transfirieron sus sagas a la Persona de Jesús quien sabía que Él era el Mesías, pero sólo después de haber llegado a ese conocimiento progresivamente.

Resumiendo, la cristología de Strauss refleja un avivamiento del ebiontismo panteísta del siglo I. Strauss considera a todos los hombres como divino-humanos. Para él «el cristianismo es la refutación final de todo dualismo y la perfecta expresión de una pura inmanencia monística». Strauss, además, no consideraba importante para la cristología la

Persona misma de Jesús sino la idea, el dogma o los principios religiosos esenciales para la fe. El punto central de la cristología de Strauss no era el Dios-hombre sino el dios-humanidad. Su base no era el testimonio de las Escrituras sino el canon de ciertas presuposiciones filosóficas de origen panteísta y evolucionista. Como seguidor de Hegel, Strauss separa a la Persona de Cristo de la fe o sistema de doctrina tocante a esa Persona. Esto es, sin duda, un error mayúsculo en la cristología de hombres como Hegel, Strauss y otros.

La cristología de A. E. Biedermann (1819–1885)

Biedermann, de origen suizo, es considerado como el teólogo que expresa de manera más pura el pensamiento hegeliano. Este teólogo pretendía construir un sistema de pensamiento que permitiese la aceptación de la fe, pero su materia prima seguía siendo la filosofía monística de Hegel.34 El punto central de su cristología era «la diferencia entre el principio de la redención y la Persona del Redentor».

Según Biedermann, Dios y el hombre son distintos en naturaleza pero uno en existencia. La encarnación no es un acontecimiento sino un proceso. Algo sin principio ni fin en la vida de Dios. En cuanto a la redención, tampoco es un suceso, sino que es el proceso incesante de la autorreconciliación de Dios. La redención como dogma cristológico debe de separarse de la Persona de Jesús. Aunque Jesucristo es la Persona en quien el principio de la redención se encarnó, la teología dogmática en sí nada tiene que ver con el Cristo-persona.

Resumiendo, como la mayoría de sus contemporáneos involucrados en el quehacer teológico, Biedermann no toma las Escrituras como su punto de partida. Es más, su trabajo no se caracteriza por la exégesis bíblica. El eje de su discusión gira alrededor de conjeturas filosóficas muy prevalentes en su época.

RESUMEN Y CONCLUSION

Debido a la falta de espacio, no se extiende este sumario tocante a la cristología y su relación con el liberalismo teológico de los años 1700 al

1900. Muchos otros nombres e ideas podrían mencionarse, pero el estudiante debe de acudir a la bibliografía disponible para ampliar o profundizar sus conocimientos tocante a este tema.

El estudiante interesado en el desarrollo de la cristología se interesa en conocer el pensamiento de Isaak August Doner, quien fuera contemporáneo de Strauss. Doner pertenecía a la llamada «escuela mediadora», así designada por tomar una postura intermedia entre la fe luterana y la reformada. Según Doner, Dios y el hombre no son polos opuestos, sino parientes espirituales. Decía que la encarnación era necesaria aunque el hombre no hubiese pecado. La necesidad de la encarnación se deriva del hecho de que está en la naturaleza de Dios el comunicarse con el hombre. Si se añade que el hombre está estrechamente relacionado con Dios, la idea del Dios-hombre se convierte en una demanda razonable.

Doner consideraba que la humanidad de Cristo era una «nueva humanidad» cuyo destino era ser «la Cabeza de una razón de hombres redimidos». Un punto crucial en la cristología de Doner era que, según él, «la unidad de la vida divina-humana no debe de concebirse como completa desde el principio». De modo que la encarnación no debe de tomarse como algo completo, sino continuo y progresivo que tiene su culminación en la resurrección.40 Es evidente que, para Doner, Cristo era un simple hombre que progresivamente llegó a estar consciente de que era Dios. Tal enseñanza es contraria a las Escrituras.

También, a principios del siglo XIX surgieron las llamadas «teorías kenóticas». Los teólogos que han tratado de explicar el misterio de Filipenses 2:7, se han preguntado: ¿De qué se vació Cristo? Uno de los más prominentes, Tomasio, afirma que el autovaciamiento no se relaciona con la encarnación, sino con el Cristo preexistente. De modo que, según Tomasio, Cristo retuvo sus atributos esenciales o morales, tales como verdad, amor y santidad porque éstos constituyen el ser mismo de la deidad. Cristo, sin embargo, se despojó temporalmente, opina Tomasio, de Sus atributos relativos (omnipotencia, omnisciencia y omnipresencia), volviendo a poseerlos después de Su resurrección.

No debe pensarse, sin embargo, que todos los teólogos del siglo XIX eran de tendencia liberal, aunque hay que admitir que los más influyentes sí lo eran. No obstante, hubo hombres como H. P. Liddon (1829–1890), Joseph B. Lightfoot (1828–1889), John Eadie (1810–1872) y otros que a través de la exposición bíblica defendieron las doctrinas fundamentales de las Escrituras Estos hombres, a diferencia de sus contemporáneos racionalistas, tomaban como punto de partida la exégesis del texto bíblico, creyendo en la infalibilidad de la Palabra de Dios. De cierto que no eran ignorantes de los argumentos críticos de aquellos tiempos, pero preferían confiar en la revelación divina.

La Cristología y la Neo Ortodoxia del Siglo XX

A PRINCIPIOS DEL SIGLO XX surgió un movimiento teológico conocido por algunos como neo-ortodoxia y por otros como teología de crisis.2 Hay quienes prefieren asociar dicha teología con la persona de su fundador, Karl Barth, y la llaman «barthianismo». La neo-ortodoxia, además, ha sido llamada «logoteísmo» por considerarse como una teología del Logos o Palabra de Dios y también «realismo bíblico» ya que pretende descubrir de nuevo la interpretación teológica de la Biblia, perdida en los siglos XVIII y XIX en el laberinto de las interpretaciones filosóficas. A esta lista de nombres hay que añadir el de «teología dialéctica», ya que al principio de su aparición «la neoortodoxia no creía en la clase de aserciones directas que tanto los teólogos ortodoxos antiguos como los liberales habían hecho tocante al hombre y a Dios». Finalmente, algunos han calificado a la neo-ortodoxia como el neo-liberalismo o el neo-modernismo del siglo XX.7

La escuela neo-ortodoxa nació inmediatamente después de la primera guerra mundial con la publicación de la obra de Karl Barth, Comentario a los Romanos (Roemerbrief). Esta obra apareció originalmente en alemán en 1919 y posteriormente en inglés en 1933. Barth nació en Basilea, el 10 de mayo de 1886. Cursó estudios superiores en las universidades de Berna, Berlín, Tubinga y Marburgo. Eso significa que Karl Barth estuvo expuesto a las corrientes filosóficas racionalistas que permeaban todas las disciplinas académicas durante la segunda mitad del siglo XIX y que continuó en el siglo XX.

En el año 1911, mientras pastoreaba una iglesia en Safenwil, Suiza, Barth se decepcionó del entrenamiento teológico liberal que había recibido, particularmente por el hecho de que sus antiguos profesores apoyaban la política militarista del Kaiser Wilhelm II. Barth y un amigo cercano, Edward Thumeysen, comenzaron a estudiar juntos y a reevaluar sus teologías. El resultado directo de aquel estudio fue la Epístola a los Romanos de Barth, obra que, como ya se ha mencionado, produjo la chispa que dio inicio a la neo-ortodoxia.

Karl Barth rechazaba la cristología de Schleiermacher, Ritschl y todos los que propugnaban la corriente del Jesús de la historia. Tanto Barth como otros teólogos neo-ortodoxos sostenían que no es la aparición histórica de Jesús, sino sólo el Cristo que puede ser discernido mediante los ojos de la fe quien es el vehículo de la revelación de Dios. Barth rechazaba que la Biblia fuese en sus manuscritos originales la Palabra infalible de Dios. Consideraba que Dios no puede estar limitado por una revelación terminada, equivalente a la Escritura.11 La Biblia no es la revelación, sino un testigo de la revelación. La revelación de Dios es exclusivamente personal. Sin embargo, según Barth, la revelación de Dios en la historia no puede identificarse directamente con Jesús de Nazaret.

Barth presta mucha atención a las doctrinas de la elección y la reconciliación. En su consideración de estas doctrinas, Barth refleja su cristomonismo, es decir, «el teólogo bíblico debe comenzar con Cristo y sólo con Cristo en la formulación de su doctrina». Para Barth, Cristo era tanto el Dios que elige como el hombre elegido. «Cristo es el comienzo de todos tratos y obras de Dios. La relación primaria de Dios hacia el hombre es la de elegirlos en Cristo (II, 2, p. 168). La totalidad de la enseñanza bíblica tocante a la creación y a la providencia debe de verse a la luz de Cristo como el Dios que elige.»

Sin embargo, la retórica usada por Barth para explicar la relación entre Cristo, Dios y el hombre tiende a confundir más que a aclarar. Según Barth:

En Cristo, Dios y el hombre se hacen totalmente idénticos. Pero esa identificación de Dios con el hombre en Cristo no es una identificación directa. Dios desciende al hombre en auto-alienación. El sujeto que se revela totalmente a sí mismo al identificarse con Su criatura se esconde a sí mismo completamente en el objeto de Su creación. El sujeto de la revelación se convierte en el objeto a sí mismo como sujeto. Al convertirse en el objeto a sí mismo en Cristo, se convierte en el hombre verdadero. Cristo, es, por lo tanto, el hombre real, el único hombre real. Cristo es Adán.

Dios, según Barth, se hizo el objeto de Su propia ira. Cristo es el objeto de la ira de Dios por ser Él el hombre real y el único en quien el pecado pudo originarse. Dios trata con nosotros en gracia antes de cumplir Su ira. Es así como Cristo es el hombre elegido. La gracia de Dios sobrepasa Su ira. Dios ha derrotado al pecado en el elegido, Cristo. Es en esta coyuntura donde Barth se aleja de la doctrina reformada. Calvino y los demás reformadores entendían que Dios está separado del hombre ontológicamente. A causa del pecado, el hombre está moral e históricamente separado de Dios. Para Barth, la relación entre Jesucristo como verdadero Dios y como verdadero hombre era dialéctica, mientras que para los teólogos reformados era el misterio teológico llamado la unión hipostática.

En resumen, la cristología de Barth manifiesta un esfuerzo para refutar el concepto antropocéntrico de la teología liberal del siglo XIX. Sin embargo, el gran teólogo suizo-alemán cayó víctima del grave error de descartar la autoridad final de la revelación escrita. En realidad, la cristología de Barth es una especie de modalismo moderno. El cristomonismo de Barth es, además, reduccionista. La Biblia presenta a un Dios Trino desarrollando un plan elaborado en la eternidad. Las tres Personas de la Trinidad están en acción. Finalmente, Barth deja entrever un universalismo que no tiene apoyo bíblico de clase alguna. Aunque puede decirse que Barth se acercó mucho más a la Biblia que sus contemporáneos liberales, y más que sus colegas neo-ortodoxos, puede decirse también que su acercamiento fue a medio camino. No cabe duda que el pensamiento teológico de Barth fue influido por la filosofía

La Cristología y la Neo Ortodoxia del Siglo XX

existencialista, particularmente la de Kierkegaard y Heidegger. De ahí su énfasis en la experiencia. Si bien es cierto que la teología de Barth, y en particular su cristología, no resultó en un regreso a la ortodoxia bíblica, debe subrayarse que su contribución a la discusión teológica ha sido altamente beneficiosa.

Estrechamente relacionado con la escuela neo-ortodoxa aparece el nombre de Emil Brunner. Nacido en Zurich, Brunner estudió en su tierra natal, en Alemania y en los Estados Unidos. Se le concede como el fundador de la Escuela Dialéctica y como un estrecho colaborador de Karl Barth. Fue Brunner, no Barth, quien introdujo la teología neo-ortodoxa en la América anglosajona.

En corazón de la teología de Brunner yacía en su concepto de la revelación. Revelación, según Brunner, consiste en la actividad divina para la salvación del mundo. De ahí que consideraba que la revelación no podía ser un libro o una doctrina, sino una Persona. «La revelación es Dios mismo en su auto manifestación dentro de la historia.»

De ese concepto de revelación se desprende la cristología de Brunner. No concebía la revelación como el mero hecho histórico manifestado a través de la historia, tal como la vida de Cristo y la personalidad histórica de Jesús, «sino, más bien, el secreto invisible de la Persona de Jesús, escondido detrás del velo de la historia y de la vida humana, no el Cristo según la carne, sino el Cristo según el Espíritu, la Palabra hecha carne».

A pesar de todo lo que Brunner dice acerca de Cristo, debe subrayarse que, para Él, el «Cristo-evento» no era sinónimo con Jesús de Nazaret ni tampoco con el Cristo de la ortodoxia cristiana. Es más, Brunner pone en tela de duda la existencia misma de Cristo. Según Brunner, Cristo debe de ser percibido como incógnito en Jesús. Cristo está en Jesús, pero no en la historia. Cristo constituye una verdadera paradoja en la teología de Brunner, ya que se presenta como una verdadera revelación, pero como totalmente escondido.

Como bien señala Reymond, quien ha sido profesor de teología en varios seminarios norteamericanos:

Aquí el lector tal vez esté frustrado por lo que parece ser contradictorio: Un Cristo en la carne, pero no según la carne, un Cristo-evento que revela totalmente a Dios pero que lo esconde completamente, un Cristo que toca al tiempo, pero que en realidad no entra en el tiempo.

Brunner no identifica los actos salvíficos de Dios con ningún hecho o suceso histórico en particular. No hay énfasis en su teología en el hecho de la encarnación, la crucifixión, ni aun en la resurrección. El tema principal de la teología de Brunner es el de la revelación universal y la salvación mediante lo que él llama el encuentro Palabra-fe.

Otro teólogo íntimamente relacionado con la neoortodoxia es el alemán Rudolf Bultmann. Bultmann recibió su educación bajo la dirección de los más afamados teólogos de aquellos tiempos: Karl Muller en Tubinga; Gunkel y Von Harnack en Berlín; Jülicher, Weiss y Herrmann en Marburgo. Rudolf Bultmann se hizo famoso cuando, en 1941, presentó una ponencia titulada El Nuevo Testamento y la Mitología. En dicho trabajo, Bultmann señalaba que la iglesia primitiva expresó su fe en forma mitológica. Ahora bien, mito, según Bultmann, no significa ficción o cuentos de hadas, sino una manera imaginaria de expresión que se usa como un vehículo para transmitir verdades divinas con lenguaje humano. Bultmann afirmaba que, para descubrir el verdadero Kerygma (contenido del mensaje), era necesario desvestir al Nuevo Testamento de su ropaje mitológico.

Bultmann estaba convencido de que sólo la ciencia puede resolver las cuestiones históricas, de modo que era necesario excluir los milagros de la Biblia, la encarnación, la resurrección, profecía y escatología, ya que ninguna de esas cosas puede ser explicada científicamente y, por lo tanto, resulta irrelevante para el hombre moderno. El Jesús de Bultmann es un simple hombre a quien la fe de la iglesia elevó al rango de deidad. Según Bultmann, ni siquiera es posible determinar si Jesús se consideró alguna vez como el Mesías. En su opinión, los evangelios no se ocupan tanto de Jesús como persona como de la fe y la predicación tocante a Jesús. En Bultmann, la teología se convierte en una antropología con una marcada expresión existencial.

En conclusión, la teología neo-ortodoxa no se alejó lo suficientemente del liberalismo del siglo XIX, pero sí abrió las puertas a muchos estudiosos de las Escrituras para continuar la investigación bíblica en un contorno distinto al de Schleiermacher y Ritschl. Sin embargo, en las áreas cruciales de la bibliología y la cristología, la neo-ortodoxia se ha acercado muy poco a la teología tradicional y al pensamiento de los reformadores.

Es lamentable que hombres como Brunner y Bultmann, que profesaron seguir un patrón científico con base objetiva, cuando se acercan a las Escrituras y a las verdades allí expuestas, renuncian al objetivismo para caer en un exagerado subjetivismo existencialista en el que las realidades son diluidas hasta el punto de perder su significado. La queja de Bultmann era que los evangelistas habían puesto un ropaje mitológico al Kerygma y que la tarea del teólogo es quitar ese supuesto ropaje. Lo cierto es, sin embargo, que los teólogos neo-ortodoxos han puesto su propia vestidura sobre los evangelios. Una vestidura que prácticamente deja a los evangelios y al resto de la Biblia sin mensaje que predicar. Uno de los graves problemas que todo lector de la teología neo-ortodoxa confronta, no importa en qué idioma la lea, es lo desconcertantemente complicado del vocabulario empleado por dichos teólogos.

La Cristología Contemporánea

NINGUNA OTRA ÁREA de la teología ha recibido mayor atención durante la segunda mitad del siglo XX que la cristología. Teólogos de todos los sectores: católicos, protestantes, liberales, conservadores, neo-ortodoxos, han sentido la motivación, necesidad o curiosidad de escribir tratados acerca de la cristología. Algunas de estas obras constituyen un genuino esfuerzo dirigido a aclarar ciertos aspectos de la doctrina que habían sido omitidos en trabajos anteriores. Otras, sin embargo, son el resultado de una hermenéutica basada en conceptos socio-políticos a la que desea colocársele un ropaje anti-cristiano. Una especie de Esaú con voz de Jacob. Hay, además, otras aportaciones que, siguiendo la línea tradicional de interpretación, forman una base de apologética conservadora en contra de los que pretenden reducir la Persona de Cristo a un mero hombre con una profunda autoconciencia de que era un instrumento destinado a cumplir una misión divina.3

Es de vital importancia subrayar que el debate cristológico contemporáneo está íntimamente entretejido con la doctrina de la autoridad e inerrancia de las Escrituras. Los que desean reducir la Persona de Cristo al nivel de un simple hombre se basan sobre la premisa de que los documentos bíblicos no son confiables ya que están revestidos de un ropaje mitológico. Los que así piensan, sostienen que lo que lo que Nuevo Testamento dice de Cristo es la interpretación que la iglesia primitiva impuso para poder proclamar el Kerygma o mensaje evangelístico en aquellos tiempos.

No es difícil observar que muchos, por no decir la mayoría, de los trabajos contemporáneos sobre cristología que están a la venta, manifiestan las marcas de la nueva hermenéutica, por un lado, y de la alta crítica, por el otro. Ambos rechazan el postulado de que la Biblia es la revelación objetiva, escrita bajo la supervisión del Espíritu Santo, dada por Dios y, por lo tanto, infalible. Partiendo desde D. F. Strauss, pasando por R. Bultmann, el clamor de muchos ha sido «hay que desmitificar la Biblia» para encontrar el mensaje, o «hay que desvestir a los evangelios de su ropaje mítico para descubrir al Jesús histórico».

Otra corriente inyectada en la discusión cristológica también por Rudolf Bultmann ha sido la del grado de influencia helenística en los conceptos expresados en el Nuevo Testamento. Según algunos escritores, los cristianos primitivos definieron a Jesús influidos por los conceptos escatológicos del judaísmo pero usando el vocabulario popularizado por la cultura griega. Esa opinión es expresada por el teólogo suizo Oscar Cullmann:

Para responder a la pregunta: «¿Quién es Jesús?», los primeros cristianos podían recurrir a ciertas ideas corrientes de judaísmo y en particular de la escatología judía. En esto estriba el que la cuestión cristológica se plantee, en los orígenes de la iglesia del siguiente modo: ¿En qué medida cumplió Jesús lo que en estas ideas va implícito? ¿En qué medida su obra las rebasa? ¿En qué puntos entra en contradicción con las ideas cristológicas que el judaísmo tardío parece postular? Y cuando los primeros cristianos, al vivir en un medio helenista, responden al problema cristológico recurriendo a un título que ya entre los griegos designaba un mediador divino, habrá que preguntarse si la Iglesia primitiva atribuía a ese título las mismas ideas que el paganismo ambiente.

Debe subrayarse que Cullmann no desarrolla la cuestión ontológica en su cristología como tema central. Su eje de discusión es la «historia de la salvación». De modo que lo que el Nuevo Testamento dice de Jesús está expresado en función de Su obra y no de Su persona. Como señala Harvie Conn, profesor de apologética en el Seminario Teológico Westminster:

Cullmann construye una filosofía del tiempo y la historia en Cristo. Pero se concentra tanto en la obra de Cristo que niega, por negligencia, la deidad ontológica de Cristo, negando así al Cristo de las Escrituras. Repetidamente insiste que el Nuevo Testamento casi no muestra interés en la persona ontológica de Cristo. En sentido final, entonces, el Cristo de Cullmann no es más el Cristo de las Escrituras que el Cristo de Barth.

Cullmann, por lo tanto, da un énfasis funcional a su sistema de cristología. Lo más importante, según él, es lo que Cristo hace y no la naturaleza de Su persona. Sólo después de haber examinado su obra, surge la pregunta cristológica: ¿Quién es esa Persona? En resumen, Oscar Cullmann da a entender que Jesús prácticamente no se expresó tocante a Su propia persona. Lo que el Nuevo Testamento dice tiene que ver con la interpretación dada por los apóstoles y por la iglesia tocante a Cristo a raíz de Su muerte y resurrección.

Una de las obras más laudadas tocante a la cristología en años recientes ha sido la del teólogo católico alemán, Hans Kung; profesor de la Universidad de Tubinga. La obra de Kung, titulada en castellano Ser Cristiano, lo coloca como uno de los líderes de la llamada «nueva cristología». Según Hans Kung, la fe cristiana necesita ser expresada en el lenguaje moderno. El hombre de hoy no entiende el vocabulario teológico expresado por los antiguos, de modo que hay que actualizar lo que se ha dicho tocante a Cristo y adaptarlo a la mentalidad del hombre moderno. También cree Kung que es necesario presentar a un Cristo que sea más aceptable a las demás religiones, tales como la islámica, budista, hindú, etc.15

Hans Kung distingue entre el Jesús histórico y el Cristo de la fe. Es difícil, dice Kung, conocer a ciencia cierta la verdad tocante al Jesús histórico. Según él, debido a las incrustaciones mitológicas de los evangelios, se hace necesario despojar el relato bíblico ele esos excesos. Sin embargo, el Cristo de la fe es producto de la creencia en la muerte y la resurrección de Cristo. Ahora bien, debe entenderse lo que Kung quiere decir cuando habla de la resurrección. Kung, al igual que Jürgen

Moltmann, considera la resurrección más como un símbolo de la fe que como una realidad histórica.17

Una queja de Hans Kung es que la cristología tradicional, la de los concilios y la conservadora, se han formulado «desde arriba», es decir, partiendo de Jesús como Dios. Kung aboga por una cristología «desde abajo, es decir, desde la humanidad de Jesús. Lo cierto es que Kung abiertamente niega la absoluta deidad de Cristo considerando a Jesús como «el representante de Dios ante los hombres». «Kung declara que acepta la fórmula de Calcedonia, pero que las interpretaciones de ésta deben de seguir la opinión de muchos eruditos modernos de que Jesús no se proclamó a Sí mismo como el Hijo Eterno de Dios, ni tampoco lo hicieron los cristianos primitivos. Además, Kung argumenta, los dogmas antiguos estaban en error porque se apoyaban en dos conceptos griegos del hombre y la naturaleza que hoy son obsoletos».19

Resumiendo, Hans Kung entiende que en esta era de secularismo la cuestión de la deidad de Cristo es irrelevante. El estudio de la cristología debe de concentrarse en Jesús el hombre representante de Dios ante los hombres. Kung pretende elaborar una cristología inductiva, pero se aleja de la única fuente fidedigna que puede proporcionar una inducción adecuada, es decir, la Sagrada Escritura.

Un trabajo sobre cristología que se ha popularizado, particularmente en la América hispana, es la del sacerdote Jon Sobrino. Su obra titulada *Cristología desde América Latina* es una apología de la llamada «teología de la liberación». Sobrino pretende hacer lo que sus colegas «socioteólogos» no han hecho aún, es decir, una sistematización de la cristología.

Sobrino sigue de cerca el patrón trazado anteriormente por Oscar Cullmann, tocante al significado de los títulos que el Nuevo Testamento da a Cristo. En su concepto de la resurrección de Cristo, Sobrino sigue a Moltmann y a Kung. Tal vez lo más significativo de la postura de Sobrino sea su concepto de la relación entre Jesús y el Padre. Sobrino sostiene una postura evolucionista, expresando que Jesús gradualmente se moldeó o constituyó en Hijo de Dios. Jesús, según Sobrino, progresivamente tomó conciencia de quién era como persona.23 Además, afirma que «el hijo es la aparición histórica del Padre, o más matizadamente, la aparición de cómo se corresponde al Padre». Jesús no es Dios, sino «el camino al Padre».25 Tan humano era Jesús que se equivocó respecto a la aparición inminente del reino de Dios.

El acercamiento de Jon Sobrino a La cristología es desde una perspectiva socio-política. Sobrino impone sobre el texto bíblico, cuando lo usa, ideas que están totalmente fuera de contexto y de la intención del autor original. De modo que las conclusiones de Sobrino no proceden de las Escrituras, sino que son impuestas al texto.

No han sido pocos los que en años recientes se han adentrado en el campo de la cristología. De la pluma del alemán Wolfhart Pannenberg han salido dos obras disponibles en castellano. En la primera de ellas, Fundamentos de Cristología, Pannenberg sigue la hermenéutica establecida por la escuela crítica, que no concede autoridad final al testimonio del Nuevo Testamento. Pannenberg rechaza también el punto de partida de una cristología «desde arriba», es decir, reconociendo la deidad de Jesús. Según él, eso significa presuponer la divinidad de Jesús.29 Algo que Pannenberg no prefiere hacer.

En su otra obra, La Fe de los Apóstoles, Pannenberg se refiere varias veces a la filiación divina de Jesús y sostiene que el título «hijo de Dios» dado a Jesús es «una interpretación de la manifestación humana de Jesús». Considera que el nacimiento virginal de Jesús es una leyenda diseñada para elaborar una tradición tocante a Cristo.31 El título «hijo de Dios» ni designaba a Jesús como un ser divino y sobrenatural. Sólo designaba la función de Jesús, no su naturaleza. La designación de Jesús como «hijo de Dios», según Pannenberg, procede de la cultura helénica. Es de ese trasfondo helénico de donde surge la idea de «un ser sobrenatural divino, que se ha manifestado en el hombre Jesús, pero que es distinto de El»33 y al que hay que llamar «hijo de Dios». Es evidente que, con otros teólogos, Pannenberg sigue la línea de pensamiento que sostiene que los evangelios fueron escritos para adaptar el mensaje a una situación existente.

El rechazar la deidad de Cristo se ha convertido en una especie de norma tanto en teólogos católicos como protestantes. El sacerdote católico francés, Michel Pinchon, editor de la revista Jesús, confiesa haberse liberado de la «idolatría» de Jesús y niega a Cristo al presentarse como absoluto. El español José Ramón Guerrero, en su libro El Otro Jesús, sigue un concepto adopcionista de la persona de Cristo. El también jesuita español, José Ignacio González Faus, afirma que, durante Su vida en la tierra, Jesús no tenía conciencia de ser Dios.36

No es sorpresa ya entre teólogos protestantes pronunciarse en contra de la fe tradicional tocante a la deidad de Cristo. Un profesor bautista, el doctor Robert E. Alley, director del departamento de religión de la Universidad de Richmond, hizo la siguiente declaración:

Veo a Jesús realmente como un judío. No me imagino por un momento que haya tenido la osadía de autoproclamarse Dios.

Otro caso notorio en años recientes es el de John Hick, un inglés, miembro proveniente de la Iglesia Reformada Unida. En el año 1977, Hick editó un libro titulado The Myth of God Incarnate (El Mito de Dios Encarnado). En ese libro, siete teólogos ingleses, la mayoría pertenecientes a la Iglesia Anglicana, expresan sin ambages su creencia de que Jesús era humano y no divino. En esencia, John Hick y sus colegas afirman que Dios no vino al mundo en la Persona de Cristo.39 Cualquier cosa que se diga de Cristo, según los mencionados teólogos, es aceptable, siempre y cuando no se diga que es Dios. Según ellos, la creencia de la encarnación de Dios en Cristo es un mito al estilo del mundo antiguo.

Debe de subrayarse una vez más que la cuestión central de la discusión cristológica sigue siendo la doctrina o concepto de las Escrituras sostenido por el teólogo. Los autores de la obra El Mito de Dios Encarnado niegan rotundamente la autoridad de la Palabra de Dios. Para ellos, la Biblia pertenece al género de la fantasía y de la especulación.

Una tendencia bastante generalizada en los últimos años es la de querer presentar a Jesús de modo que Su Persona sea aceptable al hombre moderno. Se dice que el paladar intelectual del hombre moderno no tolera los sabores de ciertos conceptos anticuados. De modo que hay que actualizar esos conceptos. Tal deducción sería aceptable si se mantuviese en línea con las verdades de la Biblia, pero ese no ha sido el caso. Hombres como el sacerdote holandés Edward Schillebeeckx, en su esfuerzo por aclarar el significado de la Persona de Jesús, terminan negando la verdad fundamental tocante a Cristo, es decir, que es Dios manifestado en carne. Schillebeeckx considera que Jesús era el profeta escatológico, pero no necesariamente Dios.42 Según el teólogo holandés y otros de la misma escuela, Jesús era un ser humano que gradualmente se acercó a Dios en una especie de nexo inviolable. Dicen que lo importante no es saber algo tocante a Su naturaleza, sino conocer Su obra, como si estas dos cosas pudiesen separarse con facilidad.

Muchos otros ejemplos podrían mencionarse para documentar lo que está ocurriendo en el escenario teológico tocante a la doctrina de la Persona de Cristo. Se espera que lo dicho hasta aquí sirva de orientación y estímulo al estudiante de la Biblia para investigar más profundamente este tema. Es necesario, sin embargo, hacer hincapié en el hecho de que el estudio de la cristología no puede ni debe de hacerse aisladamente. Como las demás doctrinas de la fe cristiana, la cristología tiene que fundarse sobre el testimonio de las Escrituras. Debe recordarse, además, que existe una relación muy estrecha entre las doctrinas de la fe cristiana. Lo que afecta a una, generalmente afecta a las demás. Poner en tela de juicio la doctrina de la deidad de Cristo es el resultado directo de un concepto pobre de las Escrituras. Negar la deidad de Cristo equivale a negar la doctrina de la Trinidad, la base fundamental de la Iglesia Cristiana. El resultado inevitable de negar la autoridad de la Biblia y la deidad de Cristo es un concepto humanista-antropológico de la doctrina de la salvación y sus áreas concomitantes (muerte expiatoria de Cristo, resurrección, perdón de pecado).

El humanismo racionalista ha arremetido con fuerza descomunal contra la totalidad de las doctrinas cristianas, no sólo contra la deidad de Cristo. El cristianismo ortodoxo no ha negado jamás la humanidad de Jesús, pero no ha dejado de afirmar Su deidad. La realidad bíblica es que, si Cristo no es Dios, no puede ser el Salvador del pecador y, si no se hubiese encarnado (hecho hombre), no hubiese podido proveer el sacrificio necesario para la redención. Jesús no fue un hombre con algo especial añadido (por muy especial que ese algo fuese). Jesús es Dios, quien tomó para sí naturaleza humana, es decir, «se hizo el sujeto de toda esa conciencia física y psicológica que distintivamente constituye la experiencia humana». La persona que desea ser fiel a la Biblia no tiene otra alternativa que la de afirmar, tanto la absoluta deidad como la perfecta humanidad de Cristo

Lo dicho anteriormente se relaciona con la fe. Debe añadirse, sin embargo, algo relacionado con filosofía o metodología. La crítica liberal dice que es imposible conocer al Jesús histórico a través de los evangelios y las epístolas. Según ellos, el Nuevo Testamento refleja la interpretación de la iglesia primitiva tocante a Jesús. La opinión de la crítica es que, primero, debe de conocerse cómo era la iglesia primitiva, su situación, sus prácticas, su cultura. Sólo entonces se podría llegar a conocer la verdad tocante a Cristo. Lo cierto es, sin embargo, que la misma crítica afirma que no es posible conocer a ciencia cierta cómo era la iglesia primitiva. De modo que la cuestión se reduce a un argumento circular: No se puede conocer al Jesús histórico mediante los evangelios, sino a través de la iglesia primitiva.

Finalmente, se ha pretendido establecer una dicotomía entre el judaísmo palestino y el judaísmo helenístico para de ahí saltar a la conclusión de la supuesta existencia de un cristianismo judeo-palestino y otro judeo-helenístico. Sobre la base de esas conjeturas, se ha querido establecer el desarrollo de algunas doctrinas, particularmente la relacionada con la Persona de Cristo. Algunos han afirmado que Pablo obtuvo su conocimiento del cristianismo a través de judíos helenistas y no de la iglesia en Jerusalén. De modo que, según esa opinión, la teología de Pablo refleja el pensamiento griego, no el judío. Todas esas conjeturas, sin embargo, tienden a apartar la discusión de su contexto. Lo cierto es que los escritores del Nuevo Testamento, todos ellos, presentan una cristología coherente que expresa sin ambages que Jesús es Dios manifestado en la carne, Dios absoluto y verdadero hombre sin pecado.

Evidencias Bíblicas Tocante a la Deidad de Cristo

EL VOLUMEN DE INVESTIGACIÓN BÍBLICA producido durante los últimos cien años ha sido en gran manera sorprendente. Casi todas las áreas de la teología cristiana se han visto afectadas de algún modo por los nuevos enfoques que se han dado al estudio de las Escrituras. No puede negarse que el beneficio recibido, en muchos casos, ha sido grande. Debe admitirse, sin embargo, que en muchos otros casos la fe cristiana ha sufrido rudos ataques de parte de algunos que en nombre de una supuesta erudición han pretendido negar los principios vitales del cristianismo.

Una de las doctrinas cristianas que más ha sufrido en los últimos años es la relacionada con la Persona de Cristo. El debate contemporáneo se ha concentrado en la negación rotunda de la deidad de Cristo. Tal negación ha sido acompañada de un escepticismo hacia las Escrituras.2 Es natural que ambas actitudes marchen juntas. No se puede creer en la deidad de Cristo sin creer en el testimonio de las Escrituras. Los que niegan la deidad de Jesús rehúsan aceptar la validez del testimonio del Nuevo Testamento. Afirman que los escritores del Nuevo Testamento escribieron bajo la influencia del medio cultural en que vivieron. Algunos opinan que los títulos usados con referencia a Cristo, tales como «hijo de Dios» e «hijo del hombre», son de origen helenístico y tuvieron su origen en la iglesia primitiva, no en las enseñanzas dadas por el mismo Jesús.4

Muchos estudiosos de la Biblia, sin embargo, reconocen la centralidad de la doctrina de la deidad de Cristo. Reconocen, además, que dicha doctrina constituye la piedra angular de la fe cristiana. Esa convicción se deriva del estudio de las Escrituras y de la confianza de que lo que la Biblia dice acerca de Cristo es realidad histórica y no meras lucubraciones de hombres piadosos. En resumen, nadie puede negar la deidad de Cristo sin antes haber negado la autoridad de la Palabra de Dios.6 Existe una relación estrecha entre lo que se cree tocante a las Escrituras y la doctrina de la Persona de Cristo. Lo que ha de expresarse en este capítulo está basado sobre la autoridad de la Biblia. Sin el testimonio de las Escrituras muy poco se sabría de Cristo. Los documentos del Nuevo Testamento permanecen como testimonio confiable a pesar de todos los ataques que la crítica ha fabricado. De modo que, en el último análisis, la respuesta a la pregunta ¿quién es Jesucristo? sigue dependiendo del testimonio de la Biblia.

LA BIBLIA PRESENTA A JESUCRISTO COMO EL HIJO DE DIOS

Algunos escritores no tienen ninguna dificultad en reconocer que el Nuevo Testamento se refiere a Cristo con frecuencia como el hijo de Dios. Lo que muchos no reconocen sin embargo, es la fuerza con que la expresión «hijo de Dios» es usada con referencia a Cristo.8

El testimonio de las Escrituras tocante al uso de la expresión «hijo de Dios» con referencia a Jesús no puede ser más claro. En la ocasión del bautismo del Señor, según el relato de Mateo, «… he aquí que los cielos fueron abiertos, y vio al Espíritu de Dios que descendía como paloma y venía sobre él. Y hubo una voz de los cielos que decía: «Este es mi Hijo, el amado, en quien he puesto mi complacencia»» (Mt. 3:16–17). Indudablemente la voz que fue escuchada por el bautizador fue la del Padre celestial quien se refiere a Jesús, llamándolo «mi Hijo, el amado». La misma expresión ocurre en Mateo 17:5, cuando en el monte de la Transfiguración el Padre habla de nuevo para decir: «Este es mi Hijo amado, en quien tengo complacencia; a él oíd».

Es evidente que la expresión «mi Hijo amado», usada en Mateo 3:17 y 17:5, guarda una relación muy estrecha con el Salmo 2:7, donde Jehová dice: «Yo publicaré el decreto; Jehová me ha dicho: «Mi hijo eres Tú; Yo te he engendrado hoy.»» La referencia a Jesús en el Salmo 2:7 es confirmada por los escritores del Nuevo Testamento (véanse Hch. 13:33 y He. 1:5). El énfasis en dicha expresión tiene que ver con la relación especial entre Jesús y el Padre.

No sólo el Padre Celestial reconoce a Jesús como «el Hijo amado», sino que el mismo Satanás está consciente de esa relación. En Mateo 4:3, 6, el tentador dice a Jesús: «Si eres Hijo de Dios» (ei huios ei tou theou). Dicha expresión es una condicional simple con la que se reconoce la realidad de lo que se dice. De modo que Satanás reconoce el hecho de que Jesús es el Hijo de Dios. Tal vez una mejor manera de expresar el sentido de la frase sería «ya que eres Hijo de Dios». Satanás está consciente de que Jesús sostiene una relación especial con el Padre Celestial, que le hace reconocerlo como Hijo de Dios.

Teólogos de persuasión liberal sostienen que Jesús nunca se refirió a sí mismo como el Hijo de Dios ni que tal concepto figuró en proclamación pública del Señor. Los eruditos contemporáneos, siguiendo a Rudolf Bultmann, afirman que la expresión «Hijo de Dios» usada con referencia a Cristo entró a formar parte del vocabulario cristiano en etapas. Primero, fue usada por la comunidad palestinense que a su vez la había copiado de la tradición judía. Luego pasó a formar parte de la predicación de la iglesia gentil helenística quien usa dicha expresión para referirse a la naturaleza de Cristo de la misma manera que la mitología griega concebía a sus titanes como seres mitad divinos y mitad humanos. Sin embargo, un examen de las Escrituras no muestra apoyo de clase alguna para tal concepto. Por el contrario, el Nuevo Testamento enseña que Jesús estaba consciente de Su relación con el Padre Celestial como Hijo de Dios.

La enseñanza incontrovertible del Nuevo Testamento es que el uso de la expresión «Hijo de Dios» con referencia a Jesús es un título de Su deidad. Jesús reconoció dicho título y lo aceptó como algo propio, perteneciente a Su Persona. Un ejemplo de esa aceptación se evidencia en la confesión hecha por Pedro en Cesarea de Filipo. La pregunta de

Jesús a los discípulos fue: «¿Quién dicen los hombres que es el Hijo del Hombre?» (Mt. 16:13). Después que Pedro expresó las opiniones de los hombres, Jesús preguntó; «Y vosotros, ¿quién decís que soy Yo?» (Mt. 16:15). Pedro respondió a Jesús: «Tú eres el Cristo [el Mesías], el Hijo del Dios viviente» (Mt. 16:16). A raíz de esa confesión, Jesús dice a Pedro: «Bienaventurado eres, Simón, hijo de Jonás, porque no te lo reveló carne ni sangre, sino mi Padre que está en los cielos» (Mt. 16:17). Una lectura imparcial y sin prejuicios del referido pasaje no deja lugar a dudas de que Jesús sí reconoció y aceptó su posición como Hijo de Dios. Jesús, además, declaró que el conocimiento de Su relación con el Padre era algo que podía ser comprendido por los hombres únicamente por revelación divina.

El apóstol Juan expresa que su propósito en escribir el evangelio que lleva su nombre es «… para que creáis que Jesús es el Cristo, el Hijo de Dios, y para que creyendo, tengáis vida en su nombre» (Jn. 20:31). Las palabras del apóstol Juan tienen un alcance teológico profundo. Jesús es el Mesías, es decir, el Ungido de Dios, pero es también el Hijo de Dios y el Salvador. En otro pasaje del mismo evangelio, Juan se refiere a Jesús como el Hijo Unigénito de Dios (Jn. 3:16). La palabra unigénito (monogene) significa, literalmente, «único en su clase y diferente a toda cosa creada». Jesús es Hijo de Dios en un sentido en que ningún otro ser puede serlo. Cristo, como Hijo de Dios, es de la misma sustancia que el Padre e igual al Padre en poder y gloria.12

Un escritor ha expresado lo siguiente:

Cuando un pecador cree es engendrado de Dios, ese nacimiento tiene lugar. Pero el nacimiento de Cristo como Hijo de Dios nunca tuvo lugar. Es una realidad eterna. Cuando un pecador nace de nuevo se convierte en un hijo de Dios. Pero el Señor Jesús nunca comenzó a convertirse en hijo de Dios. Siempre lo fue. Debido a que el carácter único de Su nacimiento incluye Su relación eterna como Hijo con el

Padre, Juan argumenta que Él, debido a la eternidad de Su existencia, tiene que ser Dios.

La relación de Jesús con el Padre como Hijo Unigénito no tuvo comienzo, sino que es una relación eterna. En Su oración sumo sacerdotal, Jesús dijo: «Ahora pues, Padre, glorifícame Tú para contigo, con aquella gloria que tuve contigo antes que el mundo fuese» (Jn. 17:5). De modo que Jesús confiesa haber tenido una íntima relación con el Padre, hasta el punto de compartir Su gloria, aun antes de la creación del universo.

Es evidente que los judíos contemporáneos de Jesús entendieron a cabalidad el significado de la expresión «Hijo de Dios», usada con referencia a Cristo. Por ejemplo, después de haber sanado a un hombre que hacía treinta y ocho años que estaba enfermo (Jn. 5:5), los judíos procuraban matar a Jesús. La razón principal de tal actitud, en principio, era porque el Señor había realizado la obra de sanidad en el día de reposo. Jesús se dirigió a sus compatriotas, diciéndoles: «Mi padre hasta ahora trabaja, y yo trabajo» (Jn. 5:17). Después de haber hecho tal declaración los judíos se enfurecieron contra Jesús aún más, y Juan, el evangelista, añade: «Por esto los judíos procuraban matarle, porque no sólo quebrantaba el día de reposo, sino que también decía que Dios era su propio Padre, haciéndose igual a Dios» (Jn. 5:18). Es decir, los judíos se ofendieron porque Jesús se refirió a Dios, llamándolo «mi Padre». Los judíos entendieron correctamente que al llamar a Dios «mi Padre», Jesús estaba haciéndose igual a Dios.

Que los israelitas entendieron las implicaciones de la afirmación de Cristo al llamarse «Hijo de Dios» es el testimonio incontrovertible del Nuevo Testamento. En el mismo evangelio según San Juan, se relata otro enfrentamiento entre Jesús y los judíos. En esta ocasión Cristo afirma: «Yo y el Padre somos una sola cosa» (Jn. 10:30). De nuevo los judíos se preparan para apedrear a Jesús. El Señor pregunta a los judíos: «¿Por cuáles obras me váis a apedrear?» Ellos respondieron: «... Por buena obra no te apedreamos, sino por la blasfemia; porque tú, siendo hombre, te haces Dios» (Jn. 10:33). Es patente, por lo tanto, que los contemporáneos de Jesús entendieron varias cosas que los teólogos modernos parecen no comprender: 1) Jesús sí se refirió a Sí mismo como el Hijo de Dios; 2) los judíos comprendieron las implicaciones de la declaración de Jesús y lo acusaron de blasfemia; y 3) la expresión Hijo de Dios usada con referencia a Cristo es un título que implica absoluta deidad. Tanto Jesús como Sus discípulos y los judíos que oyeron esa expresión entendieron claramente que la frase Hijo de Dios atribuida a Cristo es equivalente a ser Dios.

El apóstol Pablo, en su epístola a los romanos, presente a Cristo como el Hijo de Dios, enfatizando la relación especial de Jesús con el Padre. He aquí las palabras del apóstol:

Pablo, siervo de Jesucristo, llamado a ser apóstol apartado para el evangelio de Dios, que él había prometido antes por sus profetas en las santas Escrituras, acerca de su Hijo, nuestro Señor Jesucristo, que es del linaje de David según la carne, que fue declarado Hijo de Dios con poder, según el Espíritu de santidad, por la resurrección de entre los muertos (Ro. 1:1–4).

En este pasaje, Pablo presenta a Jesucristo como una Persona teantrópica. Es decir, como Dios quien ha tomado naturaleza humana. El evangelio, las buenas nuevas de salvación, es acerca del Hijo de Dios (Persona divina) quien era del linaje de David según la carne (naturaleza humana). Además, dice Pablo, que Jesús fue declarado Hijo de Dios con poder. Debe notarse que en cuanto a la carne, es decir, a Su naturaleza humana, Jesús «vino a ser» (genomenou) o «nació» de la simiente de David (ek spermatos Dauid). Así explica Pablo el origen de la humanidad de Jesús. Sin embargo, en lo que concierne a Su origen divino, Pablo dice que Jesús fue «declarado», «definido» o «designado» (horisthentos) Hijo de Dios Nótese que Jesús no fue hecho Hijo de Dios a causa de la resurrección, sino que fue declarado Hijo de Dios. Es decir que la resurrección de Cristo es una poderosa confirmación de Su carácter como Hijo de Dios. En resumen, el argumento del apóstol Pablo no es que Jesús se convirtió en «Hijo de Dios» al resucitar de entre los muertos, sino que la resurrección de Cristo es una verificación y una manifestación de Su deidad. La resurrección de Jesucristo es la confirmación de que Él es todo lo que dijo ser.

Los teólogos de la escuela liberal, al rechazar de antemano el testimonio de las Escrituras, concluyen que Jesús nunca tuvo conciencia de que era el Hijo de Dios. Según ellos, la iglesia primitiva engendró la tradición que aparece en las Escrituras del Nuevo Testamento. Dicen, además, que dicha tradición incorporó ciertas creencias de la mitología griega tal como la del theios aner u «hombre divino». De modo que, según estos teólogos, el título «Hijo de Dios» dado a Cristo en el Nuevo Testamento tiene raíces paganas y fue incorporado en el vocabulario de la iglesia con el fin de explicar a la sociedad de aquellos tiempos el mensaje tocante a Jesús.16

Por supuesto que para llegar a esa conclusión los teólogos de la escuela liberal se ven obligados a despreciar el testimonio del Nuevo Testamento, particularmente el de los evangelios. Por ejemplo, Lucas 1:32 dice que Jesús sería «llamado Hijo del Altísimo»; en Lucas 2:49, Jesús, respondiendo a una pregunta de María dice: «¿No sabéis que yo debo estar en los asuntos de mi Padre?» Como se ha mencionado dos veces ya, el Padre celestial (Mt. 3:17; 17:5) se refiere a Cristo como «mi Hijo amado». Jesús se refiere a una relación íntima entre él y el Padre, cuando dice en Mateo 11:27: «Todas las cosas me fueron entregadas por mi Padre; y nadie conoce perfectamente al Hijo, sino el Padre, y ninguno conoce perfectamente al Padre, sino el Hijo y aquel a quien el Hijo resuelva revelarlo» (R. V. 1977). Un escritor católico ha captado bien el concepto nuevotestamentario de «Hijo de Dios» con referencia a Cristo:

Los evangelistas, escribiendo en el período posterior a la resurrección tenían en mente el concepto de Hijo divino en el sentido estricto. Que el título «Hijo de Dios» está abierto al significado de Hijo divino en el sentido trascendental se hace patente de la manera en que Jesús llama a Dios no «nuestro Padre» sino «mi Padre». El concepto de la singularidad del Hijo es calificado a través de la idea de la relación de obediencia al Padre.

Si se acepta el testimonio del Nuevo Testamento como una fiel expresión de la revelación de Dios y si se acepta que los evangelistas escribieron las palabras de Jesús tal como el Espíritu Santo les ayudaba a recordar (Jn. 14:26; 16:12–15), no puede soslayarse el hecho de que Jesús es «el Hijo de Dios» en una forma única y como tal es uno con el Padre en esencia, en atributos y en gloria.

LA BIBLIA PRESENTA A CRISTO COMO EL HIJO DEL HOMBRE

La expresión «el Hijo del Hombre» aparece unas 55 veces en los evangelios y una vez en Hechos 7:56. Con la excepción de Juan 12:34 y Hechos 7:56, sólo Jesús usa dicha frase, siempre con referencia a Sí mismo y en la tercera persona. Dicha frase ha sido considerada enigmática por muchos, tanto en su origen como en su significado y ha sido objeto de mucha investigación. Debido a que es una expresión rara en el idioma griego, muchos opinan, con razón, que la frase «el Hijo del Hombre» (ho houios tou anthropou) tiene sus raíces en la cultura semita.

Algunos entienden que la expresión «el Hijo del Hombre» fue usada por Jesús como una especie de circunlocución para referirse a su propia persona. Otros expertos, sin embargo, opinan que la mencionada frase es usada en los evangelios como un título equivalente a El Hombre con mayúscula, refiriéndose, por lo tanto, a la figura apocalíptica de Daniel 7:13.

En cuanto al origen, la expresión «el Hijo del Hombre» aparece en tres contextos de la literatura apocalíptica judaica: en el libro canónico de Daniel 7:13 y en literatura pseudoepigráfica 4 Esdras 13; 1 Enoc 37–71. Además, aparece en el libro de Ezequiel como una referencia al profeta. Se ha observado, sin embargo, que las dos referencias en la literatura

Cristología

pseudoepigráfica se encuentran en libros generalmente reconocidos como posteriores al tiempo del ministerio terrenal de Cristo. De modo que no influyeron en forma alguna en el uso de la expresión «el Hijo del Hombre» en los evangelios. El uso de la frase en el libro de Ezequiel es distinto al que aparece en el Nuevo Testamento. En el libro de Ezequiel la expresión «hijo del hombre» apunta hacia la debilidad del profeta. Eso significa, por lo tanto, que el pasaje de Daniel 7:13 ofrece la mejor probabilidad de haber servido de trasfondo para el uso que Jesús hizo en los evangelios de la frase «el Hijo del Hombre».

Como es de esperarse, los teólogos de la escuela liberal no escatiman esfuerzo con tal de negar la autenticidad de la expresión «el Hijo del Hombre» y el significado de su uso. Para algunos, el uso de la mencionada expresión es totalmente obra de la iglesia primitiva, aunque admiten la posibilidad de que Jesús usase la frase en algunas de Sus enseñanzas. En años recientes, se ha sugerido que Jesús usó la frase «el Hijo del Hombre» como una referencia a otro personaje diferente de sí mismo que haría su aparición en un futuro y ante quien los hombres tendrían que dar cuenta en el día del juicio.24 Según este punto de vista, fue la iglesia primitiva la que posteriormente interpretó lo dicho por Jesús, concluyendo que Jesús era es personaje que aparecería en los postreros días. En fin, la crítica pretende, por un lado, negar que la expresión «el Hijo del Hombre» sea un título usado por Jesús para referirse a sí mismo como el personaje divino que aparece en Daniel 7:13. Por otro lado, insisten en que fue la iglesia primitiva la que inventó el uso de dicha frase como una interpretación posterior a las enseñanzas de Jesús.

Hay, sin embargo, varias objeciones al punto de vista de la crítica liberal. Primeramente, si la expresión «el Hijo del Hombre» fue producto de la imaginación de la iglesia primitiva, ¿por qué es que sólo aparece en labios de Jesús en los evangelios? ¿Por qué es que dicha frase no aparece en las epístolas doctrinales? Si la mencionada frase fue inventada por la iglesia primitiva, lógicamente debió ser usada como una fórmula confesional y usada ampliamente a través de los libros del Nuevo Testamento. Lo cierto es, sin embargo, que con la excepción de Hechos 7:56; Apocalipsis 1:13 y 14:14 la expresión no se usa con referencia a Cristo en el resto del Nuevo Testamento. Lo cierto es, sin embargo, que con la excepción de Hechos 7:56; Apocalipsis 1:13 y 14:14 la expresión no se usa con referencia a Cristo en el resto del Nuevo Testamento.

En segundo lugar, no existe ninguna evidencia de que Cristo hubiese enseñado que otro personaje distinto de El vendría al final de los tiempos. Jesús habló de Su segunda venida (Jn. 14:3). Los ángeles que hablaron a los apóstoles en Hechos 1, específicamente dijeron «este mismo Jesús que ha sido tomado de entre vosotros al cielo, así vendrá como le habéis visto ir al cielo» (Hch. 1:11). Finalmente, debe notarse que la crítica se esfuerza en pasar por alto la importancia del pasaje de Daniel 7 y sus implicaciones mesiánicas. El personaje de Daniel 7:13–14 que aparece junto al Anciano de días (figura del Padre); «viene con las nubes del cielo»; «le fue dado dominio, gloria y reino»; «será servido por todos los pueblos, naciones y lenguas»; «su dominio eterno, que nunca pasará, y su reino que no será destruido jamás». «El Hijo del Hombre» es presentado aquí como alguien que tiene una autoridad que sobrepasa la de cualquier ser humano, rey o emperador. De modo que debe de entenderse que una de las características que distingue al Hijo del Hombre es Su autoridad sobrenatural.

Los usos de la expresión «el Hijo del Hombre» en los evangelios sinópticos

La expresión «el Hijo del Hombre» ha sido clasificada en tres categorías distintas, según aparece en los evangelios sinópticos:

1. Referencias relacionadas con las actividades del ministerio terrenal del Hijo del Hombre (Mr. 2:8, 28; Lc. 7:34; 9:58; 19:10).

2. Referencias tocante a los sufrimientos, muerte y resurrección del Hijo del Hombre (Mr. 8:31; 10:45; 14:21, 41).

Cristología

3. Referencias relacionadas con la venida futura, la exaltación y los juicios del Hijo del Hombre (Mr. 8:38; 13:26; 14:62; Lc. 12:8-12, 35-40; 17:22-30, 18:8; Mt. 10:23; 19:28).

Aunque la referida clasificación no es del todo satisfactoria ya que no toma en consideración todos los usos y las aplicaciones de la frase ni toma en cuenta el hecho de que algunos de los usos pertenecen a más de una clasificación, puede decirse que facilita en gran manera el estudio de la cuestión. Esta triple división o clasificación fue sugerida primeramente por Rudolf Bultmann, aunque él sólo reconocía como auténtica la tercera de las tres categorías.

Algo que muchos teólogos desafortunadamente pasan por alto es el hecho de que en la gran mayoría de las citas en las que Jesús usa la expresión «el Hijo del Hombre» hay un énfasis marcado tocante a Su autoridad en relación con algo que lo identifica como un personaje sobrenatural. Por ejemplo, en Marcos 2, Jesús dice a un paralítico: «Hijo, tus pecados te son perdonados» (2:5). Los escribas que estaban presentes acusan a Jesús de blasfemia y dicen: «¿Quién puede perdonar pecados sino sólo Dios?» (2:7). A raíz de esa pregunta, Jesús hace la siguiente afirmación: «Pues para que sepáis que el Hijo del Hombre tiene autoridad (exous) en la tierra para perdonar pecados...» (2:10). La pregunta que se había suscitado giraba alrededor de la cuestión de si Jesús tenía la autoridad de ejercer una prerrogativa que sólo corresponde a Dios, es decir, la autoridad para perdonar pecados. Jesús usa el título de «el Hijo del Hombre» para afirmar que, como tal, él posee dicha autoridad.

Otro importante pasaje donde la autoridad de Jesús es cuestionada aparece en los tres evangelios sinópticos (Mt. 12:1-8; Mr. 2:23-28; Lc. 6:1-5). Los fariseos acusan a los discípulos de Jesús de transgredir la ley del sábado porque habían arrancado espigas para comer. En respuesta a los fariseos, el Señor apela primero al testimonio del Antiguo Testamento. David comió los panes de la proposición cuando tuvo hambre. Algo que sólo era lícito a los sacerdotes. Los sacerdotes que servían en el templo tenían que realizar sus funciones sacerdotales en el día de reposo, algo que requería trabajo. De modo que aún la ley permitía la ejecución de ciertas labores en el sábado que eran consideradas lícitas (Nm. 28:9, 10).

El reconocido expositor Richard Lenski ha hecho el siguiente comentario tocante al pasaje de Mateo 12:1–8:

En el versículo 3 el argumento es del mayor (el pan santo) al menor (las espigas). En el versículo 5 el argumento es del menor (el Templo) al mayor (algo mayor que el Templo). Ambos son del mismo modo incontestables. En el versículo 6 además, la completa autoridad divina de Jesús confronta a los engreídos fariseos. Aquel que es mayor que el Tabernáculo y el Templo está aquí, el único que tiene autoridad para juzgar lo que constituye una violación del Sábado que es servido por el Tabernáculo y el Templo.

Jesús impugna la actitud de los fariseos, usando un versículo del Antiguo Testamento (Os. 6:6) en el que Dios llama a Israel a abandonar la apostasía y a reconocer la soberanía de Jehová. Los fariseos habían corrompido la ley, incluyendo el significado del sábado. Jesús, como «el Hijo del Hombre», es Señor (Kyrios) del sábado. El vino no a abrogar sino a cumplir la ley (Mt. 5:17). Como Señor del sábado, Jesús cumple la ley y demanda que otros la cumplan. Los fariseos cuestionaban la autoridad de Jesús. El Señor les responde, diciéndoles que Él es mayor que el Templo y mayor que el Sábado, porque es «el Hijo del Hombre». Los fariseos acusaban a los discípulos de quebrantar el sábado. Jesús les responde, diciendo: ¿Quién mejor que el Hijo del Hombre, el Señor del sábado, puede juzgar si los discípulos han violado o no la ley del sábado? Una vez más debe notarse que Jesús habla de una autoridad que está por encima de la que un simple hombre podría ejercer.

Un aspecto de capital importancia relacionado con la expresión «el Hijo del Hombre» se relaciona con la humanidad de nuestro Señor. Fue como hombre que Cristo nació, vivió en esta tierra, murió, resucitó y fue exaltado a la diestra de Dios. No debe olvidarse en ningún momento que Jesús es verdadero hombre sin pecado. Ahora bien, debe observarse que Jesús es «el Hijo del Hombre» (ho huios tou anthropou). La repetición del artículo definido en el texto griego enfatiza la identidad del Señor. La referencia no es a «un hijo de hombre», es decir, a un ser humano cualquiera, sino a un ser particular quien es al mismo tiempo «el Hijo del Hombre» y «el Hijo del Dios viviente» (Mt. 16:13, 16).

El Mesías, como hijo de David, es miembro de la raza humana (Lc. 1:31–33) y, como tal, es también «el Hijo del Hombre». Como miembro de la raza humana, el Mesías es contemplado en Su humillación y Sus sufrimientos. Es en esa luz que Jesús habló de sí mismo, diciendo: «Las zorras tienen guaridas, y la aves del cielo nidos; pero el Hijo del Hombre no tiene dónde reclinar su cabeza» (Mt. 8:20). Fue desde esa misma perspectiva que Jesús enseñó a Sus discípulos que «el Hijo del Hombre» sería entregado a hombres inicuos, sería condenado a muerte, pero resucitaría al tercer día (Mr. 9:31). El testimonio insoslayable de los evangelios, por lo tanto, es que Jesús está consciente de que Él, como «el Hijo del Hombre», es decir, como el representante perfecto de la raza humana, quien es hombre pero más que hombre es el Verbo encarnado, ha de morir por el pecado del mundo. Jesús profetizó Su muerte y Su resurrección (Mt. 17:22–23).

Si se acepta el testimonio de los evangelios sin los prejuicios lucubrados por la crítica moderna, podría entenderse sin mayor dificultad que los sufrimientos del Hijo del Hombre constituyen una verdad profetizada a través de las Escrituras. Jesús mismo enseñó a Sus discípulos después de Su resurrección que lo que le había ocurrido no era algo fortuito, sino que había sido predicho en la Ley y en todos los profetas (Lc. 24:27). Era necesario que se cumpliese todo lo que está escrito tocante al Mesías (quien a su vez es «el Hijo del Hombre» y el «Hijo del Dios viviente») en la Ley, los profetas y los Salmos. La perfecta concordancia entre las Escrituras del Antiguo Testamento (véanse Is. 40–55;

Sal. 22; Dn. 9:26) y las del Nuevo Testamento referente a los sufrimientos, muerte y resurrección «del Hijo del Hombre» debe de servir, si no de prueba final, por lo menos de un firme apoyo con miras a descubrir el origen y la naturaleza de Su persona.

Por último, es necesario considerar también la coyuntura escatológica de la expresión «el Hijo del Hombre». No es posible en un espacio breve dar la atención debida a todos los pasajes relacionados con esta cuestión. Sólo se mencionarán los más pertinentes, esperando que el lector interesado en el tema investigue más profundamente esta importante área de la cristología.

Los teólogos liberales insisten en que todos los usos de la frase «el Hijo del Hombre» proceden de una época posterior al ministerio terrenal de Cristo. Según ellos, fue la iglesia primitiva quien dio origen a la mencionada frase como una interpretación de la esperanza de una futura segunda venida de Cristo.

El punto medular de la discusión es el hecho de que los teólogos liberales rehúsan reconocer que Jesús interpretó muchos pasajes del Antiguo Testamento. Una lectura, por superficial que sea, de los evangelios revela que Jesús constantemente apela al Antiguo Testamento, algunas veces para refutar las falsas enseñanzas de los religiosos de su tiempo, otras para explicar alguna verdad tocante a Su persona. Surge la pregunta, entonces: ¿Por qué razón no pudo Jesús haber interpretado el pasaje de Daniel 7:13ss? ¿Por qué decir que tuvo que ser la iglesia primitiva y no el mismo Jesús quien hizo referencia a la venida en gloria del Hijo del Hombre?

La crítica pasa por alto el hecho de que, además de Daniel 7, hay otros muchos pasajes del Antiguo Testamento que claramente enseñan la venida del Rey-Mesías (el Hijo del Hombre) con poder, gloria y majestad real en el mismo sentido como aparece en Daniel 7:13–14. He aquí algunos ejemplos: «He aquí que reinará un rey con rectitud, y los magistrados gobernarán con justicia. Y será aquel varón [Whaih-ish] como un escondedero contra el viento, y como un refugio contra el turbión; como arroyos de agua en tierra de sequedad, como sombra de gran peñasco en tierra calurosa (Is. 32:1–2). «Tus ojos verán al Rey en su hermosura; verán una tierra dilatada… Porque Jehová es nuestro juez, Jehová es nuestro legislador, Jehová es nuestro Rey; él mismo nos salvará» (Is. 33:17–22). Las Escrituras del Antiguo Testamento anuncian la venida de Uno que será «el retoño del tronco de Isaí», «Rey sobre toda la tierra», cuyo nombre se llamará «Admirable, Consejero, Dios fuerte, Padre de la eternidad, Príncipe de paz. Lo dilatado de su imperio y la paz no tendrán límite, sobre el trono de David y sobre su reino, para restaurarlo y consolidarlo en juicio y en justicia desde ahora y para siempre» (Is. 9:6–7; Is. 40:9–10; cp. Lc. 1:30–33).

Esos pasajes del Antiguo Testamento concuerdan con las palabras de Cristo en el Nuevo Testamento. El Señor menciona la venida del Hijo del Hombre en la gloria de Su Padre con los santos ángeles (Mr. 8:38). En Mateo 16:27 a 17:13, Jesús anticipó a tres de Sus discípulos algo tocante a la venida en gloria del Hijo del Hombre. El Señor llevó a Pedro, Jacobo y Juan al Monte de la Transfiguración y allí les mostró lo que ocurrirá cuando Daniel 7:13–14 tenga su cumplimiento completo (véase también Mt. 19:28). De igual modo, en Mateo 24, Jesús se refiere a Su segunda venida (24:3) como la venida en gloria del Hijo del Hombre. En Mateo 24:30, dice: «Entonces aparecerá la señal del Hijo del Hombre en el cielo; y entonces harán duelo todas las tribus de la tierra, y verán al Hijo del Hombre viniendo sobre las nubes del cielo, con poder y gran gloria.» En otra referencia tocante al mismo tema dice: «Cuando el Hijo del Hombre venga en su gloria, y todos los santos ángeles con él, entonces se sentará en el trono de su gloria» (Mt. 24:31). En el mismo contexto se le llama «Rey» al Hijo del Hombre (véase Mt. 24:34, 40).

En resumen, la expresión, «el Hijo del Hombre» es un título cristológico que identifica al Mesías con la humanidad como el Hombre perfecto. El Mesías, como el Hijo del Hombre, nace, convive con los hombres, sufre, muere y resucita. El Hijo del Hombre, además, es el Hijo del Dios viviente, el que viene a reinar como Rey de reyes y Señor de señores. «El Hijo del Hombre es una figura de autoridad en la tierra y un día aparecerá revestido de poder celestial cuando participe en el juicio final». Debe subrayarse, sin embargo, que «el Hijo del Hombre» no es un simple hombre sino la Segunda Persona de la Trinidad. El Verbo hecho carne, quien aún en Su humillación tenía autoridad para perdonar pecados (Mr. 2:10). El Hijo del Hombre fue exaltado a la diestra de la Majestad en las alturas y de allá vendrá con poder y gran gloria. Las palabras de Cristo a Natanael describen la gloria del Hijo del Hombre: «... De cierto, de cierto os digo: «De aquí en adelante veréis el cielo abierto, y a los ángeles de Dios que suben y descienden sobre el Hijo del Hombre»» (Jn. 1:51).

LA BIBLIA CONFIERE A CRISTO EL NOMBRE DE DIOS

La Biblia presenta a Jesús como el Hijo de Dios lo cual constituye una declaración de Su absoluta deidad. También lo presenta como «el Hijo del Hombre», identificándolo, por un lado, con la autoridad soberana que como Mesías ha de ejercer cuando venga por segunda vez a la tierra con poder y gran gloria. La Palabra de Dios, además, confiere a Jesús el nombre de Dios. En el relato de la anunciación del nacimiento de Cristo, San Mateo cita al profeta Isaías:

He aquí la virgen concebirá y dará a luz un hijo, y llamará su nombre Emanuel, que traducido es: Dios con nosotros (Mt. 1:23).

La persona en quien se cumple la profecía de Isaías es concebido virginalmente en el vientre de María, es llamado el Unigénito Hijo de Dios, el Hijo del Hombre, Emanuel, es decir, Dios con nosotros.

Uno de los pasajes más significativos referente al tema de la deidad de Cristo es, sin duda, Filipenses 2:5–11. En este pasaje, Pablo escribe acerca del origen celestial de Cristo, Su relación con la deidad en la eternidad, Su encarnación, Su humillación y muerte en la cruz, y Su subsecuente exaltación a la gloria. Pablo comienza diciendo:

Haya pues en vosotros este sentir que hubo también en Cristo Jesús, el cual siendo en forma de Dios no estimó el ser igual a Dios como cosa a que aferrarse (Fil. 2:5–6).

Cada palabra en este pasaje es de gran importancia. En esta breve consideración se dará atención a tres expresiones o frases: 1) «siendo» (huparchon), 2) «en forma de Dios» (en morfe tou theou) y 3) «el ser igual a Dios» (to einai isa theoi). La palabra «siendo» es un participio presente en la voz activa en el cual la noción del tiempo no interviene y puede traducirse por la palabra «existiendo». Este vocablo sugiere la existencia eterna de Cristo, y esto en sí es un aspecto de Su deidad.

La segunda expresión que debe notarse en este himno cristológico es «en forma de Dios». La palabra «forma» es la traducción del vocablo griego morfe. En el idioma castellano, «forma» denota la apariencia externa de una cosa. En el idioma griego, sin embargo, morfe subraya el hecho de que cualquiera que sea la apariencia externa de algo es el resultado de su esencia o de su naturaleza intrínseca. De modo que, si Cristo existe «en forma de Dios», es porque la naturaleza más íntima de Su ser es la naturaleza misma de Dios. Esto significa que Cristo tiene que ser Dios, ya que sólo Dios puede poseer las cualidades intrínsecas de la deidad.

Por último, la expresión «el ser igual a Dios» debe de ser considerada con mucha atención en este contexto. Jesús no consideró el ser igual a Dios como una usurpación. Su naturaleza, Su rango, Su gloria, Su majestad son los que a través de la eternidad han correspondido a la deidad, y, por lo tanto, pertenecen a Cristo. Jesús abandonó temporalmente Su posición en la gloria con el Padre Celestial (Jn. 17:5). Para Cristo, «el ser igual a Dios» no era un acto de usurpación. La expresión «ser igual a Dios» denota que posee la misma naturaleza divina que el Padre posee. Cristo puede, por lo tanto, ser llamado Dios al igual que el Padre sin que tal designación constituya una blasfemia.

Evidencias Bíblicas Tocante a la Deidad de Cristo

En su epístola a los Romanos, capítulo 9, Pablo enumera los privilegios de la nación de Israel, diciendo:

De quienes son los patriarcas y de los cuales, según la carne, vino el Cristo, el cual es Dios sobre todas las cosas, bendito por los siglos. Amén (Ro. 9:5).

En el texto griego, el sustantivo «el Cristo» (ho Christos) es el antecedente del sustantivo «Dios» (ho theos). Es más, en el griego «Dios» va acompañado del artículo definido. De modo que Pablo, literalmente, dice: «... el Cristo, el cual es el Dios sobre todas las cosas...» Indudablemente, el apóstol identifica al Mesías como Dios manifestado en la carne. Por supuesto que este texto enfatiza tanto la humanidad como la deidad de Jesucristo, algo que ocurre con bastante regularidad en el Nuevo Testamento.

Un pasaje de indiscutible importancia relacionado con el tema de la deidad de Cristo aparece en el libro de los Salmos 45:6. En este texto, Dios el Padre se dirige al Hijo, llamándolo «Dios»: «Tu trono, oh Dios, es eterno y para siempre, cetro de justicia es el centro de tu reino.» Este mismo pasaje es citado por el escritor de la epístola a los Hebreos para demostrar la preeminencia de Cristo. Según el autor de la mencionada epístola, Jesús es preeminente por las siguientes razones: 1) Es el heredero de todo, 2) es el creador del universo, 3) es la revelación absoluta de Dios, 4) ha purificado a Su pueblo de pecado, 5) ha sido exaltado a la diestra del Padre, 6) como Hijo, tiene que ser de la misma naturaleza con el Padre celestial, y 7) es específicamente llamado Dios por el Padre Celestial: «Más del Hijo dice: «Tu trono, oh Dios, por el siglo del siglo; cetro de equidad es el cetro de tu reino»» (He. 1:8).

En realidad, son muchos los pasajes del Nuevo Testamento donde Jesús es específicamente designado como «Dios». Ciertamente hubiese sido una flagrante blasfemia si los escritores bíblicos, escribiendo bajo la dirección del Espíritu Santo, hubiesen atribuido a Cristo el título de Dios si en realidad no lo fuese. Sería absolutamente inexplicable que hombres

Cristología

con un concepto tan elevado de Dios como los apóstoles y con una reverencia tan profunda hacia el Antiguo Testamento hubiesen deificado a un mero hombre.

CRISTO POSEE LOS ATRIBUTOS DE DEIDAD

Los pasajes bíblicos citados en la sección anterior debían ser suficientes para concluir que la Biblia enseña con suma claridad la doctrina de la deidad de Cristo. Es importante añadir, sin embargo, que la Palabra de Dios explícitamente enseña que Cristo posee todos los atributos de la deidad. La Biblia enseña que Cristo es omnipotente, omnipresente, omnisciente, inmutable, sano y eterno. Además, la Biblia habla del amor, la gracia, la misericordia y otras características de Cristo en el mismo sentido en que atribuye a Dios dichas características.

Cristo es omnipotente

La palabra omnipotente significa «todo poder». Dios es omnipotente porque El todo lo puede. En el Nuevo Testamento la expresión «el Todopoderoso» (ho pantokrator) se usa únicamente con referencia a Dios. Es muy natural que así sea, pues solamente Dios puede poseer ese atributo. En Apocalipsis 1:7–8 dice:

He aquí que viene con las nubes, y todo ojo le verá, y los que le traspasaron; y todos los linajes de la tierra harán lamentación por él. Sí, amén. Yo soy el Alfa y la Omega, principio y fin dice el Señor, el que es y que era y que ha de venir, el Todopoderoso.

En su visión apocalíptica, el apóstol Juan contempla a Jesús regresando a la tierra por segunda vez. El apóstol identifica al Señor como: 1) el Alfa y la Omega, una figura que habla de Su grandeza (principio y fin), 2) el Señor, señalando hacia Su soberanía; 3) el que era y que ha de venir, y 4) el Todopoderoso (ho pantokrator), es decir, Él tiene control sobre todas las cosas. Jesús tiene autoridad y soberanía sobre todo el universo (Ap. 4:8; He. 1:3; Col. 1:17).

Cristo es omnisciente

Otro atributo de deidad que Cristo posee es el de omnisciencia, es decir, nada escapa a Su conocimiento. Colosenses 2:3 dice:

En él están escondidos todos los tesoros de la sabiduría y del conocimiento.

La mujer samaritana confesó:

Venid, ved a un hombre que me ha dicho todo cuanto he hecho. ¿No será éste el Cristo? (Jn. 4:29).

Jesús jamás había visto a la mujer samaritana hasta el día en que se encontró con ella junto al pozo de Jacob. Sin embargo, el Señor conocía la vida pecaminosa de aquella mujer. Este es un ejemplo singular de que Jesús poseía el atributo de la omnisciencia. Esta verdad se hace evidente también en las palabras de Juan 2:25: «... y no tenía necesidad de que nadie le diese testimonio del hombre, pues él sabía lo que había en el hombre». Jesús sabía las dudas de Tomás (Jn. 20:24–28); sabía que Lázaro había muerto (Jn. 11) y conocía perfectamente los pensamientos secretos de Sus adversarios (Mt. 9:4). ¿Cómo podría cosa semejante ser posible si el Señor no fuera omnisciente?

Cristo es omnipresente

Otro atributo que, según la Biblia, Cristo posee es el de omnipresencia. Cristo tiene el poder de estar en todas partes al mismo tiempo en la absoluta intensidad de Su Persona. En Juan 3:13, Jesús declara:

Nadie subió al cielo, sino el que descendió del cielo, el Hijo del Hombre que está en el cielo.

El Señor confiesa que Él está simultáneamente en la tierra y en el cielo. En Mateo 18:20, Cristo prometió a Sus discípulos:

Porque donde están dos o tres congregados en mi nombre, allí estoy Yo en medio de ellos.

Aunque algunos prefieren interpretar esas palabras de Jesús en sentido figurado, diciendo que Jesús está presente en un aspecto espiritual. Dicen que Cristo está presente en la mente y en las oraciones de los discípulos, pero no en un sentido personal. Sin embargo, una interpretación normal o natural del referido texto señala que la presencia del Señor con los suyos es algo personal y real. De igual modo, Jesús prometió estar con los suyos «todos los días, hasta el fin del mundo» (Mt. 28:20).

Cristo es inmutable

La Biblia atribuye a Cristo la característica de inmutabilidad. Dios el Padre es inmutable (Stg. 1:17). El no cambia en Su esencia, es decir, lo intrínseco de Su ser permanece inalterable. Dios el Hijo también es inmutable. En Hebreos 1:10–12 dice:

Tú, oh Señor, en el principio fundaste la tierra, y los cielos son obra de tus manos. Ellos perecerán más Tú permaneces; y todos ellos se envejecerán como una vestidura, y como un vestido los envolverás, y serán mudados, pero tú eres el mismo, y tus años no acabarán.

El contexto de este pasaje gira alrededor de la Persona de Cristo. La superioridad del Hijo es presentada por el autor de la epístola. El Hijo es superior a los ángeles, porque Él es Dios (He. 1:7, 8). También es superior a la creación, porque Él es el Creador de todas las cosas (1:9, 10). La creación cambia y se envejece, pero el Hijo, siendo Dios, es inmutable. Su esencia jamás cambia.

La misma Epístola a los Hebreos 13:8, dice:

Jesucristo es el mismo ayer, y hoy, y por los siglos.

Sólo Dios, quien es autosuficiente, tiene la capacidad de ser el mismo ayer, hoy y por los siglos. Si Jesús no fuese Dios, sería una detestable blasfemia atribuirle la característica de inmutabilidad.

Cristo es impecable

Uno de los aspectos de la vida de Jesús que más ha asombrado a los hombres ha sido Su absoluta santidad e impecabilidad. La Biblia afirma repetidas veces que Jesús es santo. En Hebreos 7:26–27, dice:

Porque tal sumo sacerdote nos convenía: santo, inocente, sin mancha, apartado de los pecadores, y hecho más sublime que los cielos; que no tiene necesidad cada día, como aquellos sumos sacerdotes, de ofrecer primero sacrificios por sus propios pecados, y luego por los del pueblo, porque esto lo hizo una vez para siempre, ofreciéndose a sí mismo.

El argumento del escritor sagrado es enfático. Los sacerdotes terrenales tenían que ofrecer sacrificios a favor de sí mismos antes de hacerlo por el pueblo. Jesús, siendo santo, inocente y sin mancha, pudo ofrecerse a sí mismo una vez por todas por los pecados de Su pueblo.

El mismo escritor subraya la impecabilidad de Cristo, diciendo:

Porque no tenemos un sumo sacerdote que no pueda compadecerse de nuestras debilidades, sino uno que fue tentado en todo según nuestra semejanza, pero sin pecado (He. 4:15).

Del mismo modo el apóstol Juan escribió: «Y sabéis que Él [Cristo] apareció para quitar nuestros pecados, y no hay pecado en Él» (1.a Jn. 3:5).

Durante su ministerio terrenal, Jesús retó a los líderes religiosos de Israel, diciéndoles: «¿Quién de vosotros me redarguye de pecado?» (Jn. 8:46). Aún los demonios reconocieron que Jesús era el «Santo de Dios» (Mr. 1:24).

El apóstol Pablo afirma que «al que no conoció pecado, por nosotros lo hizo pecado, para que nosotros fuésemos hechos justicia de Dios en él» (2.a Co. 5:21). Sólo un Cristo impecable podía ofrecerse a sí mismo como expiación por hombres pecadores. Así como el cordero pascual tenía que ser absolutamente santo y sin mancha (1.a P. 1:18–20; 2:22).

El apóstol Juan, refiriéndose a la visión del profeta Isaías (6:1–3), afirma que Aquel de quien los serafines hablaron, diciendo: «Santo, Santo, Santo, Jehová de los ejércitos», era nada menos que el propio Señor Jesucristo. Juan dice: «Isaías dijo esto cuando vio su gloria y habló acerca de Él» (Jn. 12:41). En resumen, el testimonio de las Escrituras es enfático. Cristo fue y sigue siendo impecable (He. 13:8). Su santidad es incuestionable. Tal característica es una demostración de que Jesús es una Persona divina.

Cristología

Cristo es eterno

Cristo no comenzó Su existencia el día de Su nacimiento en Belén de Judea. Como la segunda persona de la Trinidad, Jesucristo ya era desde la eternidad. El profeta Miqueas, al hablar de la venida del Mesías al mundo, dice:

Pero tú Belén Efrata, pequeña para estar entre las familias de Judá, de ti saldrá el que será Señor en Israel, y sus salidas son desde el principio, desde los días de la eternidad (Mi. 5:2).

El profeta Miqueas enfatiza el hecho de que el Mesías que nacería de la tribu de Judá, no sólo sería el Señor de Israel sino alguien que existe desde el principio, es decir, desde la eternidad. Esa profecía de Miqueas fue citada por los escribas, cuando Herodes les preguntó dónde nacería el Cristo (Mt. 2:4–6).

Durante una discusión con los judíos, Jesús mismo hizo una de las declaraciones más enfáticas tocante a la deidad. La afirmación hecha por Jesús se relaciona con el carácter eterno de Su persona. La discusión entre Jesús y los judíos (Jn. 8:21–59) giraba alrededor de la pregunta: «¿Quién es Jesús?» (8:25). Los judíos rehusaban creer en el Señor, afirmando que por ser hijos de Abraham serían bendecidos de todas maneras (8:33). Jesús les responde que en realidad son hijos del diablo (8:44) y que morirán en sus pecados si no creen en El (8:45). Fue a raíz de esa discusión que Jesús dijo a los judíos: «De cierto, de cierto os digo: Antes que Abraham fuese, yo soy» (Jn. 8:58).

Los judíos reclamaban que Abraham era el padre espiritual así como el progenitor de la nación judía. Jesús les señala que «Abraham se gozó de que había de ver mi día; y lo vio, y se gozó» (Jn. 8:56). Al escuchar esas palabras, los judíos se asombraron de que Jesús pudiese haber visto a Abraham ya que, según ellos, Jesús aún no tenía 50 años (8:57). Fue ahí donde Jesús afirma Su carácter eterno, usando una frase que sólo corresponde a Dios. El Señor no indica meramente que Su existencia precedía a la de Abraham, sino que Él tiene existencia eterna en el mismo sentido en que Dios la tiene.

Cristo afirmó «Antes que Abraham naciese, Yo Soy» (v. 58). «Yo Soy» era el nombre del Dios auto-existente quien se había revelado a Moisés en la zarza ardiente (Ex. 3:14). Jesucristo afirmaba ser el «Yo Soy», el Dios auto-existente. Cristo estaba afirmando Su eternidad. Para los judíos tal cosa era una blasfemia.

El apóstol Pablo escribió en Colosenses 1:17 que «Él es antes de todas las cosas, y todas las cosas en Él subsisten». El apóstol Juan, en el prólogo de su evangelio, afirma que el Verbo (Cristo) era en el principio con Dios (Jn. 1:2). Cristo hizo referencia a la gloria que tuvo con el Padre antes de que el mundo fuese (Jn. 17:5). El profeta Isaías, escribiendo tocante a la venida del Mesías, dice que «un niño nos es nacido, Hijo nos es dado» (Is. 9:6). El niño nace, pero el Hijo es dado. El Hijo existía con el Padre antes de Su venida al mundo. Es por eso que Pablo dice que, «cuando vino el cumplimiento del tiempo, Dios envió a su Hijo…» (Gá. 4:4). El Hijo existía desde la eternidad.

Resumiendo, la Palabra de Dios enseña que Cristo es el legítimo poseedor de todos los atributos de la deidad. Todas las características propias de Dios se encuentran presentes en Jesucristo. Tal cosa es posible debido a que Jesucristo es una Persona divina. Él es Dios manifestado en la carne, quien llevó sobre sí la culpa del pecado humano.

CRISTO POSEE PRERROGATIVAS QUE SOLO PERTENECEN A DIOS

La Biblia no sólo otorga a Cristo los atributos de la deidad, sino que también le concede prerrogativas que son exclusivas de Dios. Se mencionarán únicamente las más sobresalientes por falta de espacio.

Cristo tiene autoridad para perdonar pecados

Cristología

La Biblia enseña que Jesús tiene autoridad para perdonar pecados. En el capítulo 2 del Evangelio según San Marcos, se relata que Jesús sanó a un paralítico. Antes de efectuar la sanidad, Cristo dijo al enfermo:

Hijo, tus pecados te son perdonados (Mr. 2:5).

Los judíos presentes se asombraron al oír aquella declaración, y dijeron:

¿Por qué habla este hombre así? Blasfemias dice. ¿Quién puede perdonar pecados, sino sólo Dios? (Mr. 2:7).

Los judíos reconocieron que Jesús estaba ejerciendo una prerrogativa que sólo corresponde a Dios. En Marcos 2:10, Jesús declara que Él posee esa autoridad:

Pues para que sepáis que el Hijo del Hombre tiene potestad en la tierra para perdonar pecados…

Si sólo Dios tiene autoridad para perdonar pecados y Jesús afirma poseer esa autoridad, puede decirse o que Él es Dios, o como creían los judíos, estaba blasfemando. Lo cierto es que Jesús estaba haciendo algo propio de Su persona divina.

Cristo es adorado como Dios

Todo estudioso de las Escrituras sabe que Dios exige que se le adore sólo a Él. Adorar a cualquier otro ser o cosa constituye una idolatría (Ex. 20:3–6; Dt. 6:13–15). Jesús reconoció esa verdad durante Su vida terrenal. Recuérdese que, cuando fue tentado por Satanás, Cristo respondió: «… Escrito está: «Al Señor tu Dios adorarás y a Él sólo servirás»» (Mt. 4:10). De modo que habría sido deshonesto que Jesús hubiese aceptado la adoración de los hombres a menos que Él fuese Dios y, por lo tanto, merecedor de esa adoración.

Lo cierto es que Jesús aceptó el ser adorado como solamente Dios debe ser adorado. Los sabios del Oriente, cuando vinieron a ver al rey que había nacido «postrándose lo adoraron» (Mt. 2:11). Los discípulos que estaban a punto de perecer en el mar de Galilea y fueron rescatados por el Señor «… vinieron y le adoraron, diciendo: «Verdaderamente eres

Hijo de Dios»» (Mt. 14:33). El ciego de nacimiento a quien Jesús sanó, también se postró y adoró al Señor (Jn. 9:38). Las mujeres a las que Jesús se manifestó después de Su resurrección, «... abrazaron sus pies y le adoraron» (Mt. 28:9). Antes de Su ascensión a la gloria, Jesús se reunió con Sus discípulos en el monte de los Olivos y ellos le adoraron (Lc. 24:52).

Es importante notar que en ninguna de las ocasiones mencionadas hubo protesta alguna por parte de Jesús. Aquel que había venido a cumplir la ley hubiese violado el primer mandamiento del decálogo de haber sido un simple hombre. La realidad es que Cristo aceptó el ser adorado porque, como Dios, Él es digno de tal honor.

La escena que aparece en el libro del Apocalipsis no puede ser más elocuente:

El Cordero que fue inmolado es digno de tomar el poder, las riquezas, la sabiduría, la fortaleza, la honra, la gloria y la alabanza. Y a todo lo creado que está en el cielo, y sobre la tierra, y debajo de la tierra, y en el mar, y a todas las cosas que en ellos hay, oí decir: Al que está sentado en el trono, y al Cordero, sea la alabanza, la honra, la gloria y el poder, por los siglos de los siglos (Ap. 5:12–13).

El cuadro que se presenta en el Apocalipsis es muy singular. El Dios Padre (sentado en el trono) y Dios el Hijo (el Cordero) reciben la misma adoración y alabanza (véase Jn. 5:23).

Cristo es el Creador y Sustentador de todas las cosas

La Biblia dice que: «En el principio creó Dios los cielos y la tierra» (Gn. 1:1). De modo que, para el estudiante de las Escrituras, el universo es el resultado del poder creador de Dios. En Juan 1:3, esa obra es atribuida al Verbo, es decir, a Jesucristo: «Todas las cosas por él fueron hechas, y sin Él nada de lo que ha sido hecho fue hecho.» El Verbo es el Creador, de otro modo se caería en el absurdo de pensar que el Verbo se creó a sí mismo.

Cristología

También, en Colosenses 1:17, dice: «Y él es antes de todas las cosas, y todas las cosas en él subsisten.» Cristo no es tan sólo el Creador, sino también el sustentador de todas las cosas. «El sustenta todas las cosas con la palabra de su poder» (He. 1:3). Cristo es el sustentador por cuanto as el preservador de todo lo que El mismo creó.

Resumen

La evidencia bíblica no deja lugar a duda tocante a la naturaleza de la Persona de Jesucristo. Los títulos usados referentes a Su Persona, los atributos que demostró tener, las prerrogativas de las que hizo uso durante Su ministerio terrenal dejan de manifiesto que Cristo fue más que un simple hombre. Si se acepta el testimonio de los evangelios, debe aceptarse también que Jesús, por las cosas que hizo y por las que dijo, demostró que era Dios manifestado en la carne. Tómese como ejemplo el testimonio que aparece en el Evangelio según San Mateo referente a los poderes divinos ejercidos por Cristo:

1. Poder sobre las fuerzas de la naturaleza (Mt. 14:26–29; 15:34–36; 21:19).

2. Poder sobre las fuerzas del mal (Mt. 8:32; 12:28).

3. Poder sobre las fuerzas del cielo (Mt. 13:41).

4. Poder para sanar a los enfermos (Mt. 4:23; 8:3, 7).

5. Poder para resucitar a los muertos (Mt. 9:25; 20:19; 26:61).

6. Poder para juzgar a la humanidad (Mt. 7:21; 12:31–32; 13:30; 23:2–8).

7. Poder para perdonar pecados (Mt. 9:2).

8. Poder para condenar y dictar sentencia sobre los pecadores no arrepentidos (Mt. 23:13–16, 27).

9. Poder para dar galardones cuando venga otra vez a la tierra (Mt. 5:11–12; 10:42; 13:43; 19:29; 25:34–36).

10. Poder para dar poder (Mt. 10:1, 8; 28:20).

11. Poder para proveer completo y perfecto acceso al Padre (Mt. 11:27).

12. Poseedor de todo poder (Mt. 28:18).

Al leer estos pasajes, es inevitable reconocer con el apóstol Juan que: «Este es el verdadero Dios y la vida eterna» (1.a Jn 5:20). Jesús se auto identificó como la vida (Jn 11:25; 14:6). Afirmó, además, tener la autoridad para dar vida eterna a otros (Jn. 10:28) y ser el único camino de acceso al Padre (Jn. 14:6). También, Jesús afirmó tener autoridad para resucitar a los muertos en el día postrero (Jn. 6:40). Todas estas prerrogativas y poderes sólo pueden ser ejercidos por alguien que sea Dios.

Oposición a la Doctrina de la Deidad de Cristo

A PESAR DE QUE la Palabra de Dios claramente enseña la doctrina de la deidad de Cristo, hay quienes han negado y continúan negando dicha doctrina. En los primeros siglos de la era cristiana los ebionitas, los sabelistas y los arrianos rehusaron aceptar que Cristo es Dios. En siglos posteriores los monofisitas, los adopcionistas y los socinianos siguieron el mismo rumbo.

En la edad moderna con el auge del humanismo y del racionalismo ha surgido un rechazo del sobrenaturalismo. Ese rechazo ha resultado en una negación de la revelación de Dios tanto en su forma escrita, la Biblia, como en su forma humana, la Persona divina de Cristo. Para muchos la Biblia es un libro como otro cualquiera, escrito por hombres con buenos sentimientos. Cristo, dicen, es un mero hombre con profundos ideales y gran sentido de la justicia, pero equivocado en cuanto a Su misión. La postura del liberalismo teológico tocante a la Persona de Cristo ha sido resumida en un capítulo anterior. Por supuesto que mucho más podría decirse tocante a este asunto. Se espera, sin embargo, que el lector se sienta estimulado a investigar el tema más profundamente.

Uno de los esfuerzos modernos más engañosos, sin embargo, encaminados a negar la deidad de Cristo se encuentran en la traducción del Nuevo Testamento, conocida como la versión El Nuevo Mundo. Los traductores de dicha versión, haciendo alarde de un conocimiento del idioma griego, han ofrecido al público lector una lectura tendenciosa y errónea del texto original.

La cuestión de la ausencia del artículo definido en el original griego

En la mencionada traducción, el texto de San Juan 1:1 es traducido así: «En el principio era la Palabra, y la Palabra era con Dios y la Palabra era un Dios.» Los que respaldan esa traducción argumentan que el sustantivo «Dios» (theos) al final de ese versículo no va acompañado del artículo definido y, por lo tanto, es indefinido, teniendo que ser traducido «un Dios». Los que sostienen ese punto de vista cometen dos graves errores. En primer lugar, pasan por alto a las reglas de la gramática griega. En segundo lugar, soslayan la totalidad de las enseñanzas bíblicas tocante al tema de la Persona de Cristo. La combinación de ambos errores tiene como resultado conclusiones incongruentes en gran extremo.

Acerca del primer error, debe decirse que la gramática griega se diferencia tanto de la inglesa como de la española en varios aspectos, siendo el uso del artículo uno de ellos. Tanto en castellano como en inglés existe el artículo definido él y el indefinido un. En el griego, por el contrario, solamente existe el artículo definido «el» (ho). Una palabra acompañada del artículo indefinido (un) es indefinida. En el idioma griego, sin embargo, no es así. La presencia del artículo en el idioma griego enfatiza la identidad de la persona o cosa. La ausencia del artículo enfatiza la cualidad o la esencia de la persona u objeto.

En su Gramática Griega del Nuevo Testamento los profesores H. E. Dana y Julius R. Mantey expresan:

La función del artículo es señalar un objeto o llamar la atención a éste. Cuando el artículo aparece, el objeto es ciertamente definido. Cuando el artículo no se usa el objeto puede o no ser definido... La función básica del artículo griego es señalar identidad individual.

Los profesores Dana y Mantey señalan, además, que:

Algunas veces con un nombre que el contexto comprueba ser definido, el artículo no se usa. Esto hace que la pureza recaiga sobre el aspecto cualitativo del nombre en lugar de su sola identidad. Un pensamiento puede concebirse desde dos puntos de vista: 1) identidad y 2) cualidad. Para indicar el primer punto de vista, el griego usa el artículo. Para el segundo, se usa el anarthorous (sin artículo). También en expresiones que han sido tecnicalizadas, y en salutaciones, el artículo no se usa.

Hace algunos años el profesor Julius Mantey, especialista del Nuevo Testamento en el Northern Baptist Theological Seminary de Chicago, escribió una carta con el propósito de refutar a los traductores de la versión Nuevo Mundo. Los traductores de dicha versión hicieron un uso incorrecto del contenido de la gramática griega publicada por los profesores Dana y Mantey. Debido a esa referencia incorrecta, el profesor Mantey escribió lo siguiente:

Juan 1:1, que dice: «En el principio era el Verbo y el Verbo era con Dios y el Verbo era Dios», es terriblemente mal traducido, «originalmente la Palabra era, y la Palabra era con Dios, y la Palabra era un Dios» en la Traducción Nuevo Mundo de las Escrituras Cristianas, publicada bajo los auspicios de los Testigos de Jehová.

Ya que mi nombre es usado y nuestra Gramática Griega del Nuevo Testamento es citada en la página 744 con el objeto de justificar su traducción, hago la siguiente declaración:

La traducción sugerida en nuestra gramática referente al pasaje en cuestión es «La Palabra era deidad». La traducción de Moffat es «El Verbo era divino». Williams lo traduce: «El Verbo era Dios mismo.» Cada una de esas traducciones refleja la idea dominante en el griego. Ya que siempre que un nombre en el griego no va precedido de un artículo, ese nombre puede considerarse como la manera de enfatizar el carácter, la naturaleza, la esencia o la cualidad de una persona o cosa como ocurre con theos Dios en Juan 1:1, o también puede traducirse en ciertos contextos como indefinido, como ellos han hecho. Pero de todos los eruditos del mundo, hasta donde sabemos, ninguna ha traducido este versículo como lo hacen los Testigos de Jehová.

Si el artículo griego ocurriese al mismo tiempo con los sustantivos Verbo y Dios en Juan 1:1, la implicación sería que estos serían la misma persona, absolutamente idénticos. Pero Juan afirma que «el Verbo era con [el] Dios» (el artículo definido precede a ambos sustantivos), y al escribir así indica su creencia que estos eran personalidades distintas. Entonces Juan seguidamente declara que el Verbo era Dios, es decir, de la misma familia o esencia que caracteriza al Creador. En otras palabras, ambos son de la misma naturaleza, y esa naturaleza es la más elevada que existe, es decir, divina.

Algunos ejemplos donde el nombre en el predicado no tiene artículo, como en el versículo anterior, son: Juan 4:24, «Dios es espíritu» (no un espíritu), 1.a Juan 4:16, «Dios es amor» (no un amor), y Mateo 13:39, «los segadores son ángeles», es decir, son el tipo de seres conocidos como ángeles. En cada caso el nombre en el predicado se usa para describir una cualidad o característica del sujeto, ya sea de su naturaleza o de su clase.

El apóstol Juan, en el contexto de la introducción de su evangelio, hace uso de todos los mecanismos del idioma para presentar no sólo la deidad de Cristo, sino también Su igualdad con el Padre. Declara que el Verbo era en el principio, que era con Dios, que era Dios, y que toda la creación procede de Él, y que ni una sola cosa existe que no haya sido creada por Cristo. ¿Qué más pudo haberse dicho que Juan no hubiese dicho? En Juan 1:18, explica que Cristo ha tenido tal intimidad con el Padre que estaba en Su seno y que vino a la tierra para revelar a Dios. Pero si no tuviésemos ninguna otra declaración de Juan que la que aparece en 14:9, «El que me ha visto ha visto al Padre», eso sería suficiente para satisfacer al que busca la verdad de que Cristo y Dios son de la misma esencia y que ambos son divinos e igual en naturaleza. Además, toda la revelación del Nuevo Testamento apunta en esa dirección. Compárese la declaración de Pablo en Colosenses 1:19, por ejemplo, «Toda la plenitud de la deidad habita en él», o la declaración de Hebreos 1:3: «Él es el resplandor de su gloria, y la fiel representación de su ser real, y el que sostiene todas las cosas con la palabra de su poder».

Nótese, además, la estupenda afirmación cósmica registrada en Mateo 28:18: «Toda autoridad me ha sido dada en el cielo y en la tierra.»

Además, si contrastamos con eso la implicación que reduce a Cristo al nivel de un dios, ¿no se detecta de inmediato el desacuerdo? ¿No entra tal concepto en conflicto con el mensaje del Nuevo Testamento tanto con el todo como con las partes? ¿Por qué Juan, en medio de la idolatría de su tiempo, si hubiese hecho tal afirmación, no fue capaz de causar un concepto distorsionado de la persona de Cristo a quien consideramos como el Creador del Universo y el único Redentor de la humanidad?

Como el lector podrá observar, el profesor Mantey rechaza enfáticamente la traducción hecha por el equipo editor de la versión Nuevo Mundo y deplora que se haga un uso tan inadecuado de la gramática del griego del Nuevo Testamento. Los traductores de la mencionada versión manipulan flagrantemente el texto bíblico para moldearlo y conformarlo a su presuposición, es decir, que Jesucristo no puede ser Dios.

Resumiendo, la gramática griega enseña que la ausencia del artículo definido no hace a un sustantivo necesariamente indefinido, como pretende hacer ver la versión Nuevo Mundo, por las siguientes razones:

1. El sustantivo en el idioma griego tiene definitividad propia. Es decir, un sustantivo en el griego no necesita ir acompañado del artículo definido para expresar un concepto definido.

2. Cuando un sustantivo va acompañado del artículo el énfasis radica en la identificación de la persona o cosa. Cuando un sustantivo no lleva artículo, el autor desea enfatizar la cualidad, el carácter o la esencia de la persona u objeto referido.

Un segundo error que puede detectarse en la versión Nuevo Mundo es la falta de congruencia. Los traductores de la mencionada versión son inconsecuentes en el uso de las reglas gramaticales. Tuercen las Escrituras con el fin preconcebido de reducir la Persona de cristo a un nivel inferior al de Dios.

Oposición a la Doctrina de la Deidad de Cristo

Cuando los editores de la versión Nuevo Mundo traducen Juan 1:1, diciendo: «… Y la Palabra era un Dios», tienen como propósito negar la deidad de Cristo. La incongruencia, sin embargo, surge si se aplicase el mismo principio a otros textos de la Escritura donde el sustantivo «Dios» aparece sin el artículo definido. Nótese lo que ocurriría si se siguiese el mismo patrón con los pasajes siguientes:

A un Dios nadie le vio jamás; el unigénito Hijo, que está en el seno del Padre, Él le ha dado a conocer (Jn. 1:18).

Ninguno puede servir a dos señores; porque o aborrecerá al uno y amará al otro, o estimará al uno y menospreciará al otro. No podéis servir a un Dios y a las riquezas (Mt. 6:24).

Gloria a un Dios en las alturas, y en la tierra paz, buena voluntad para con los hombres» (Lc. 2:14).

Porque un Dios no es Dios de muertos, sino de vivos, pues para Él todos viven (Lc. 20:38).

Y los que viven según la carne no pueden agradar a un Dios (Ro. 8:8).

¿Quién acusará a los escogidos de un Dios? Un Dios es el que justifica (Ro. 8:38).

Y el que nos confirmó con vosotros en Cristo y el que nos ungió, es un Dios (2.a Co. 1:21).

Porque yo por la ley soy muerto para la ley, a fin de vivir para un Dios (Gá. 2:19).

Pablo, llamado a ser apóstol de Jesucristo por la voluntad de un Dios (1.a Co. 1:1).

Como el lector podrá notar, poner el artículo indefinido «un» delante del sustantivo Dios en los versículos anteriormente citados resultará en algo insólito y anti bíblico. Ahora bien, eso es precisamente lo que habría que hacer si se siguiese el mismo principio de traducción usado por los editores de la versión el Nuevo Mundo en el texto de San Juan 1:1. Es

Cristología

por ello que quien desee ser fiel a las Escrituras por fuerza tiene que repudiar la mencionada versión.

El principio de la creación de Dios

Otra objeción presentada contra la doctrina de la deidad de Cristo es tomada de las palabras de Apocalipsis 3:14, donde dice:

Y escribe el ángel de la iglesia en Laodicea: «He aquí el Amén, el Testigo fiel y verdadero, el principio de la creación de Dios, dice esto.»

El argumento, lógicamente, está basado en la expresión «el principio de la Creación de Dios» lo cual significa, según dicen los que se oponen a la deidad de Cristo, que Jesús fue el primer ser creado.

Indudablemente, que si uno aísla la expresión «el principio de la creación de Dios», parece dar a entender que, efectivamente, Cristo fue la primera criatura. Pero todo lo contrario ocurre cuando tomamos el tenor completo de las Escrituras.

La palabra «principio» es el griego arche y va acompañada del artículo definido, y es la misma palabra usada en Colosenses 1:8 donde dice: «... Él es el principio», Para poder captar con exactitud el significado de la palabra arche es necesario ver cómo es usada a través del Nuevo Testamento. Por ejemplo, en Juan 2:11, leemos: «Este principio de señales hizo Jesús en Caná de Galilea.» Y en Hebreos 3:14 dice: «Porque somos hechos participante de Cristo, con tal que retengamos firme hasta el fin nuestra confianza del principio.» Claramente vemos que en estos versículos la palabra arche significa «comienzo» o «principio» de algo.

Notemos ahora otro uso de la palabra arche. En Efesios 1:21 dice que Cristo está sentado «sobre todo principado y autoridad y poder y señorío, y sobre todo nombre que se nombra, no sólo en este siglo sino en el venidero». Y en Efesios 3:10 dice: «Para que la multiforme sabiduría de Dios sea ahora dada a conocer por medio de la iglesia a los principados y potestades en los lugares celestiales.» También en Colosenses 2:10, leemos: «Y vosotros estáis completos en El, que es la cabeza de todo principado y potestad.» En estos pasajes citados la misma

Oposición a la Doctrina de la Deidad de Cristo

palabra arche es traducida «principado» la cual significa «autoridad», «cabeza», «dominio» o «regidor».

La palabra arche es usada en forma compuesta en expresiones que son familiares a nosotros y que nos ayudan a comprender su significado. Por ejemplo, el «sumo sacerdote» es el archiereus; el «presidente de la sinagoga» es el archisunagogos; el «maestro constructor» es el architekton. Sería insensato pensar que el sumo sacerdote (archiereus) de cada año fuese el primer sacerdote en existencia.

Teniendo en mente lo antes dicho, volvamos a nuestro texto en Apocalipsis 3:14. Es necesario notar que contextualmente ese versículo es parte de las cartas de Cristo a las siete iglesias de Asia. En cada una de esas cartas el Señor Jesús se identifica con algo que describe la necesidad o condición de cada una de aquellas iglesias:

Escribe el ángel de la iglesia es Efeso: «El que tiene las siete estrellas en su diestra, el que anda en medio de los siete candeleros dice esto» (Ap. 2:1).

Las siete estrellas son los mensajeros (pastores) de las iglesias y los siete candeleros son las siete iglesias (Ap. 1:20). La palabra «tiene» es el griego kraton que significa «sujetar con autoridad». Cristo se presenta como el juez que tiene autoridad y preeminencia sobre las iglesias.

Escribe el ángel de la iglesia en Esmirna: «El primero y el postrero el que estuvo muerto y vivió, dice esto» (Ap. 2:8).

Esmirna era una iglesia que estaba en sufrimiento y tribulación. Cristo se presenta como «el primero y el postrero». Esa expresión indica que Cristo es eterno, y, por lo tanto, es un testimonio de Su deidad. Notemos, por ejemplo, esa misma expresión usada con referencia a Jehová en el libro de Isaías:

¿Quién hizo y realizó esto? ¿Quién llama las generaciones desde el principio? Yo Jehová, el primero, y Yo mismo con los postreros (Is. 41:4).

Cristología

Así dice Jehová Rey de Israel, y su Redentor, Jehová de los ejércitos: «Yo soy el primero, y Yo soy el postrero, y fuera de Mí no hay Dios» (Is. 44:6).

Óyeme, Jacob, y tú, Israel, a quien llamé: «Yo mismo, Yo el primero, Yo también el postrero» (Is. 48:12).

Jehová dice que Él es el primero y el postrero y Jesús dice que Él es el primero y el postrero. Esto nos enseña que Jesús es co-igual, co-eterno y co-sustancial con el Padre; de otra manera hubiese sido una blasfemia que Cristo dijese que Él es «el primero y el postrero».

Y escribe al ángel de la iglesia en Tiatira: «El Hijo de Dios, el que tiene los ojos como llama de fuego, y pies semejantes al bronce bruñido, dice esto» (Ap. 2:18).

El Señor se presenta ante Tiatira como «el Hijo de Dios», es decir, en uno de Sus títulos de deidad. En Tiatira estaba la falsa profetisa Jezabel, profetisa de dioses paganos pero que estaba corrompiendo a los siervos de Dios. Por lo tanto, nada era más apropiado que el Señor se manifestara a aquella iglesia investido de Su poder y autoridad divina.

Escribe al ángel de la iglesia en Filadelfia: «Esto dice el Santo, el Verdadero, el que tiene la llave de David, el que abre y ninguna cierra, y cierra y ninguno abre» (Ap. 3:7).

Este solo versículo contiene mucho acerca de la deidad de Cristo. Cristo se presenta como «el Santo». En el griego la palabra «Santo» va acompañada del artículo, identificando así la persona del Señor como El Santo (Is. 6:3). Jesús es también el Verdadero en el sentido más genuino. Él es la más perfecta realización del ideal divino y no una falsificación (1.a Jn. 5:20). Cristo es también el Todopoderoso (Ap. 1:8). Él es el que abre y ninguno cierra, y cierra y ninguno abre.

La última carta de Cristo es dirigida a la iglesia en Laodicea.

Y escribe al ángel de la iglesia en Laodicea: «He aquí el Amén, el testigo fiel y verdadero, el principio de la creación de Dios, dice esto» (Ap. 3:14).

Oposición a la Doctrina de la Deidad de Cristo

Cristo se presenta a la iglesia en Laodicea como el «Amén», porque Él es el cumplimiento de todas las promesas de Dios. Cristo es el «testigo fiel y verdadero» en contraste con todo lo que es falso y vano. Cristo es «el principio [soberano] de la creación de Dios» porque Él es la causa originadora de todo lo creado y Él tiene soberanía y potestad sobre toda la creación. Cristo no es el primero (protos) en haber sido creado, sino que Él es el regidor (arche) de toda la creación.

A través de la Biblia encontramos un gran número de frases y de títulos usados para describir a Cristo. Pero todas esas frases y títulos enfatizan de una manera clara la deidad de nuestro Señor. He aquí algunos ejemplos:

1. El primogénito de entre los muertos (Ap. 1:8).
2. El Alfa y la Omega (Ap. 1:8).
3. El principio y fin (Ap. 1:8).
4. El Todopoderoso (Ap. 1:8).
5. El que tiene las llaves de la muerte y del Hades (Ap. 1:18).
6. El primero y el último (Ap. 2:8).
7. El que estuvo muerto y vivió (Ap. 2:8).
8. El que tiene la espada aguda de dos filos (Ap. 2:12).
9. El Hijo de Dios (Ap. 2:18).
10. El que tiene los siete espíritus de Dios (Ap. 3:1).
11. El Santo (Ap. 3:7).
12. El Verdadero (Ap. 3:7).
13. El que tiene la llave de David (Ap. 3:7).
14. El que abre y ninguno cierra, y cierra y ninguno abre (Ap. 3:7).
15. El Amén (Ap. 3:14).
16. El Testigo Fiel y Verdadero (Ap. 3:14).
17. El principio (Soberano) de la creación de Dios (Ap. 3:14).
18. El Verbo de Dios (Ap. 19:13).
19. El Sustentador de todas las cosas (He. 1:3).
20. El Heredero de todo (He. 1:3).

21. El Autor de la vida (Hch. 3:15).
22. La Luz Verdadera (Jn. 1:9).
23. La imagen del Dios invisible (Col. 1:15).
24. El Rey de reyes y Señor de señores (Ap. 19:16).
25. Dios (He. 1:8; Jn. 1:1; 20:28).

Todos estos títulos describen a la Persona delante de quien se doblará toda rodilla de los que están en los cielos y en la tierra y debajo de la tierra y de quien toda lengua ha de confesar que Él es Señor para la gloria de Dios el Padre (Fil. 2:10–11). Pensar que toda lengua ha de llamar Señor a un ser creado y que toda rodilla se ha de doblar delante de quien sólo es una «deidad menor» es total y absolutamente inverosímil. Pero, por el contrario, pensar que toda lengua ha de confesar como Señor, y que toda rodilla ha de doblarse en humillación y reconocimiento de quien en verdad es Fuente y Causa de la creación, co-igual, co-sustancial y co-eterno con el Padre y el Espíritu Santo es motivo de alabanza y gratitud por toda la eternidad.

La Palabra de Dios dice:

Que si confesares con tu boca que Jesús es el Señor y creyeres en tu corazón que Dios le levantó de los muertos serás salvo (Ro. 10:9).

Todo aquel que confiesa a Cristo como Señor aquí en la tierra, ha de gozar de las bendiciones celestiales por toda la eternidad. Y todo aquel que rehúsa confesar a Cristo como Señor, aquí en la tierra, un día tendrá que hacerlo de todas maneras aunque entonces será desde el infierno eterno.

El apóstol Tomás se humilló delante de Cristo y le dijo: «Señor mío, y Dios mío» (Jn. 20:28).

El apóstol Pablo dice que Cristo es «Dios sobre todas las cosas, bendito por los siglos. Amén» (Ro. 9:5). El apóstol Juan declara que Jesucristo es «el verdadero Dios y la vida eterna» (1.a Jn. 5:20). Jesús dijo a los judíos incrédulos:

Por eso os dije que moriréis en vuestros pecados; porque si no creéis que Yo soy, en vuestros pecados moriréis (Jn. 8:24).

Para el verdadero creyente, la doctrina bíblica de la deidad de Cristo proporciona la seguridad y el confortamiento espiritual de saber en quien Él ha creído. Para el incrédulo que niega que Jesús es lo que la Biblia dice que Él es, las palabras del Señor «en vuestros pecados moriréis» constituyen una sentencia definitiva.

De modo que Cristo es «la imagen del Dios invisible» en el sentido de que es la representación y la manifestación visible del Dios eterno. El Hijo Unigénito ha dado a conocer a Dios a los hombres. Jesús es, además, «el primogénito de toda creación» no porque Él haya sido creado, sino porque antecede a cualquier cosa creada en cuanto a tiempo y porque está por encima de toda cosa creada en lo que respecta a rango. Finalmente, el hecho de que en «Cristo habito la plenitud de la deidad corporalmente» no podría significar otra cosa sino que Él es Dios en toda la plenitud del significado de dicha palabra.

Fundamentos de Teología Pentecostal

CRISTOLOGIA: DIOS EL HIJO

1. Su nacimiento virginal.

Como es relatado en Mateo 1:20b-25: José, hijo de David, no temas recibir a María tu mujer, porque lo que en ella es engendrado, del Espíritu Santo es. Y dará a luz un hijo, y llamarás su nombre Jesús, porque Él salvará a su pueblo de sus pecados. Todo esto aconteció para que se cumpliese lo dicho por medio del profeta, cuando dijo: He aquí, una virgen" dará a luz un hijo, y llamaras su nombre Emanuel, que traducido es: Dios con nosotros. Y despertando José del sueño hizo como el ángel del Señor le había mandado, y recibió a su mujer. Pero no la conoció hasta que dio a luz a su hijo primogénito; y le puso por nombre Jesús. (Ver también Lc. 1:26-38).

1.1. Uso de un pronombre femenino

Vale la pena notar que en Mateo 1: 16, la conclusión de la genealogía de José, el nacimiento virginal de Jesús está acentuado por el uso de un pronombre femenino, del que María es la antecedente: "Y Jacob engendró a José, marido de María de la cual nació Jesús, llamado el Cristo." Las palabras "de la cual" en el griego, exhes, es singular, género femenino, haciendo que el nacimiento sea "por María" solamente, aun cuando la genealogía es de José. Sólo Mateo y Lucas relatan el nacimiento de Jesús, pero Juan declara: 'Y aquel Verbo fue hecho carne y habitó entre nosotros (y vimos su gloria, gloria como del unigénito del Padre), lleno de gracia y de verdad" (Jn.1: 14).

El apóstol Pablo dice concerniente al nacimiento de Jesús: "Pero cuando vino el cumplimiento del tiempo, Dios envió a su Hijo, "nacido de mujer" (Gal 4:4). ¿No indica "nacido de mujer" un nacimiento virginal? Aquellos que dudan o niegan el nacimiento virginal de Jesús, lo hacen por una presuposición de incredulidad. Las escrituras enseñan de manera irrefutable el nacimiento virginal de Jesús.

1.2. El Catequismo de Westminster

El Catequismo de Westminster define la doctrina del nacimiento virginal de la siguiente manera: "Cristo el Hijo de Dios, se hizo hombre, tomando para sí un verdadero cuerpo y un alma razonable, siendo concebido por el poder del Espíritu Santo, en el vientre de la Virgen María, y nacido de ella sin pecado." Estas palabras del credo apostólico suman la creencia de la iglesia antigua, 'concebido por el Espíritu Santo, nacido de la virgen María."

1.3. En el Antiguo Testamento

En el Antiguo Testamento hay una progresiva revelación del sobrenatural nacimiento virginal de Jesús:

- En Génesis 3: 15, tenemos la profecía más antigua del redentor del pecado en la que Él es llamado la "simiente de mujer."

- Dios prometió a Abraham una bendición sobre su "simiente" y a través de su simiente bendición sobre todas las naciones (Gn. 22:15-18). Pablo interpreta la promesa de la simiente de Abraham como una promesa cumplida en Cristo Jesús: "Ahora bien, a Abrahán fueron hechas las promesas, y a su simiente." No dice: "Ya las simientes", como si hablase de muchos, sino de uno: "Y a tu simiente, la cual es Cristo" (Gál. 3: 16).

- El nacimiento de Jesús será "una vara del tronco de Isaí (David), y un vástago... de sus raíces. Y reposará sobre él el Espíritu... (Is. 11:1,2), (También 11 Sam. 7:12,13). Mateo comienza su evangelio con las palabras: "Libro de la genealogía de Jesucristo, hijo de David... "(Mt. 1: 1).

Cristología

- Isaías profetiza de un niño que ha de nacer, que será llamado e Dios fuerte, Padre eterno... "(Is. 9:6,7) y ocupará el trono de David.
- Isaías predice claramente el nacimiento virginal como el medio para la venida de Emanuel (Mt. 1:22,23; Is. 7:14).
- Antes del nacimiento de Jesús, hubo un anuncio angelical del hecho. El ángel apareció primero a Zacarías, anunciando el nacimiento de Juan el Bautista, el precursor de Jesús" por su esposa Elisabeth (Le. 1: 11-17); después el ángel anunció a María, que ella daría a luz un niño que sería el Hijo del Altísimo, y a pesar de su respuesta "no conozco varón", la divina concepción ocurriría porque el Espíritu. La "cubrirá con su sombra"; porque para Dios nada es imposible (Le. 1:27-35)

1.4. Importancia de la doctrina del nacimiento virginal

La doctrina del nacimiento virginal es vitalmente importante en toda la estructura de teología fundamental. Si Jesús hubiera nacido de un padre natural:

- Jesús hubiera heredado la naturaleza adánica de la raza humana, y su muerte no hubiera sido ni vicaria ni de sustitución. Hubiera muerto sólo por su propia redención.
- Jesús no hubiera sido infinito, y aun si se hubiera acordado algún método para evitar una identidad corporal con Adán, Jesús no hubiera podido morir por los pecados del mundo.
- Jesús hubiera sido solamente un sincero, celoso, pero finito líder religioso; la negación del nacimiento virginal es una negación virtual de la deidad de Jesús. Si Jesús hubiera tenido un padre humano, no hubiera podido ser el "unigénito del Padre", el único infinito Hijo de Dios.
- Tendríamos entonces una Biblia indigna de confianza. Si Jesús no hubiera nacido de una virgen como lo registra Mateo y Lucas, ¿cómo podemos confiar lo que registran de su muerte y resurrección? Si no podemos confiar en nuestras Escrituras de una materia crucial, entonces toda fe religiosa es como navegar el mar sin carta hidrográfica o compás.

- Por deducción lógica entonces, tendríamos que rechazar todo aspecto milagroso del cristianismo. Si Jesús es el eterno Hijo de Dios que se hizo carne para redimir e identificarse con el hombre, lo más lógico entonces es esperar su entrada milagrosa a este mundo. ¿No dijo el ángel a María, "porque nada hay imposible para Dios" (Le. 1:37)?

- Entonces Jesús hubiera sido, tal vez, sólo un genio espiritual con peculiar y profundo conocimiento religioso, y no el único, infinito Cordero de Dios quien hizo válido todo sacrificio del Antiguo Testamento. Sólo una ofrenda divina e infinita puede hacer efectivo, de una vez y por todas, el sacrificio por el pecado. El sistema sacrificial del Antiguo Testamento hubiera sido poco más que paganismo si Dios no hubiera tenido la intención de mandar a su infinito Hijo en la "consumación de los siglos" para completar la tipología de los sacrificios de animales que por sí mismos eran impotentes. En el capítulo diez de Hebreos leemos: "porque la sangre de los toros y de los machos cabríos no puede quitar los pecados .. somos santificados mediante la ofrenda del cuerpo de Jesucristo hecha una vez para siempre" Vs. 4,10). Un Cristo de padres completamente humanos no podría ser el Cordero de Dios.

- Entonces no podríamos esperar que Jesús viniera otra vez como el rey con quien todos lo redimidos reinarán. Sólo la preexistente palabra de Dios vendrá como Rey de Reyes y Señor de Señores. Juan dice de Él: "He aquí que viene con las nubes, y todo ojo le verá... Yo soy el Alfa y la Omega, principio y fin, dice el Señor, el que es, y que era, y que ha de venir, el Todopoderoso" (Ap. 1:7,8). Y otra vez: "Estaba vestido de una ropa teñida en sangre; y su nombre es el verbo de Dios" (Ap. 19: 13). Podría demostrarse, si el espacio lo permitiera, que el rechazo de la doctrina del nacimiento virginal debilitaría casi toda otra teología básica de la historia cristiana. El hecho es que los maestros contemporáneos que niegan el nacimiento virginal presentan un evangelio que los apóstoles no hubieran reconocido y que las Escrituras refutan.

Cristología

2. Su naturaleza.

La Confesión de Westminster da la siguiente definición de la naturaleza o naturalezas y persona de Jesucristo: El Hijo de Dios, la segunda persona de la trinidad, siendo Dios verdadero y eterno, de una sustancia, e igual con el Padre, cuando vino la consumación de los siglos tomó sobre sí mismo la naturaleza del hombre, con todas las propiedades esenciales y flaquezas comunes que de ella proceden pero sin pecado: siendo concebido por el Espíritu Santo, en el vientre de la virgen María, de su sustancia. Así que las dos naturalezas enteras, perfectas y distinguidas, la divina y la humana, fueron inseparablemente unidas en una persona, sin conversión, composición, o confusión. Tal persona es verdadero Dios y verdadero hombre, pero un Cristo, el único mediador entre Dios y el hombre. (Cap. VIII, Sec. 2)

Jesús tenía una naturaleza divina y una naturaleza humana; sin embargo, Jesús era una persona, no dos. Él era el Hijo del Hombre, pero sus dos naturalezas no resultaron en una personalidad dual del tipo Dr. Jekyll y Sr. Hyde. Él era Cristo, el Mesías y Jesús de Nazaret: "Porque hay un solo Dios, y un solo mediador entre Dios y los hombres, Jesucristo hombre" (1 Ti. 2:5). Él subsistió en la forma de Dios y era igual con Dios; pero tomó la forma de un siervo y fue hecho a la semejanza de hombres. El griego homoioma significa "semejanza real ", pero la semejanza de Jesús no era solamente humana. Él era un verdadero hombre, pero no solamente hombre. Jesús nació y murió como los hombres; pero, Él era el "por siempre eterno" que dijo: "Antes que Abraham fuese, yo soy" (Jn. 8:58). Jesús dijo: "tengo sed"; pero también dijo "Yo soy el agua de vida." Jesús dijo: "Deme de beber"; pero en la misma ocasión también dijo: "mas el que bebiere del agua que yo le daré, no tendrá sed jamás" (Jn. 4:7-14).

Jesús' fue azotado con látigos; sin embargo, por sus llagas fuimos curados. Él dijo': "No puedo yo hacer nada por mí mismo"; pero sin Él nada de lo creado fue creado. Otro tuvo que cargar su cruz; pero, Él sustenta todas las cosas con la palabra de su poder. Él creció en sabiduría y estatura (Lc. 2:52); pero Él es el mismo ayer, y hoy, y por los siglos. Fue sentenciado a muerte por un gobernador romano; pero Él era el Rey de Reyes y Señor de Señores. Él dijo: "ahora está turbada mi alma"; sin embargo, Él era el 'Príncipe de Paz." El clamó en la cruz: "¿Por qué me has desampara- do?"; sin embargo, prometió a sus seguidores: "No te desamparare, ni te dejaré...

2.1. La naturaleza humana de Jesús

El apóstol Juan advirtió en contra de una herejía que negaba la humanidad de Jesús; él declaró: ... Muchos falsos profetas han salido por el mundo. En esto conoced el Espíritu de Dios: Todo espíritu que confiesa que Jesucristo ha ve- nido en carne, es de Dios; y todo espíritu que no confiesa que Jesucristo ha venido en carne no es de Dios; y este es el espíritu del anticristo... (1Jn. 4: 1-3).

Algunos creyentes devotos y bien intencionados han estado tan preocupados por mantener la deidad de Cristo Jesús que han minimizado su humanidad. Jesús no tuvo simplemente un roce con la humanidad, Él tomó para sí mismo una genuina naturaleza humana con toda atribución humana, excepto su pecaminosidad. Su naturaleza humana estaba en sumisión a su naturaleza divina sin sacrificar nada de su humanidad. Estudiemos las pruebas de su naturaleza humana:
- Jesús nació como un niño natural en el pesebre de Belén y fue envuelto en pañales (Lc. 2:7).
- Creció en la manera normal de un niño (Lc. 2:39,40).

Cristología

- Creció en sujeción a sus padres (Lc. 2:51,52). Jesús fue trazado a través de dos genealogías, una de José (Mt. 1) Y una de María (Lc. 3:23-38).

- Él es llamado "La Simiente de Mujer", "La Simiente de Abraham ", y "El Hijo de David"; de esta manera Jesús es relacionado con la raza humana.

- Jesús fue tentado y probado en todas las áreas, tal como nosotros, pero Él no cometió pecado. Frecuentemente se pregunta si Jesús pudo haber pecado. Él no pudo haber pecado porque poseía, en adición a su naturaleza humana, una naturaleza divina que era santa; además, por el hecho de que fue concebido por el Espíritu Santo sin un padre humano, su naturaleza humana estaba libre de pecado. Sumado a esto, su naturaleza humana estaba en perfecta sumisión a su naturaleza y voluntad divina. Algunos dirán entonces ¿por qué Jesús fue tentado si no podía pecar? La tentación, como se aplica a Jesús, significaba "prueba." Estaba en orden perfectamente que Él fuera probado para demostrar, como el último Adán, su perfecta obediencia; y como el Cordero de Dios, que Él era "sin mancha y sin contaminación" (Mt. 4:1- 11; Lc. 4:1-13; Mt. 26:36-46; Heb. 2:18, 4:15).

- Se llama a sí mismo "hombre" (Jn. 8:40); se llama a sí mismo o es llamado el "Hijo del Hombre" setenta (70) veces (Jn. 8:28); "un mediador... Cristo hombre" (1 Ti. 2:5).

- Jesús es nuestro sumo sacerdote. El requisito de un sacerdote es que tiene que ser tomado de entre los hombres a fin de ser su representante. Debe compartir su estado (Heb. 5: 1-1 O). Isaías vio a Jesús en visión profética como "varón de dolores, experimentado en quebranto" (Is. 53:3). El verdadero sumo sacerdote debe también poder acercarse al trono de Dios por su propio mérito. Jesús, el Hijo de Dios, representa al hombre delante de Dios, y recíprocamente representa a Dios delante de los hombres. Nuestro sumo sacerdote es el Dios-hombre; un sumo sacerdote de la orden de Melquisedec.

- Jesús tuvo atributos humanos tales como hambre, sed; lágrimas, fatiga, etc.; al fin, Él sufrió, derramó su sangre, murió y fue sepultado.
- Aún después de la resurrección, con un cuerpo glorificado, podía invitar a Tomás a tocar sus manos y su costado para que él pudiera sentir sus heridas. Jesús todavía retenía su humanidad junto con su divinidad. En Apocalipsis 19:13, Él regresa a gobernar sobre la tierra y se dice de Él: "Estaba vestido de una ropa teñida en sangre... "En el capítulo veintidós de Apocalipsis vemos a Jesús con el Padre en la' nueva Jerusalén y Él es llamado el "Cordero." Jesús tenía una triple obra posicional: profeta, sacerdote, y rey; en el siglo venidero, Jesús retendrá estas mismas posiciones. (Ver Hch. 3:19-26; Heb. 7:17,21; Mt. 27:29,39; Jn. 19:21; 1 Ti. 1:17; 6:13-16; II P. 1:11; Heb. 1:8-14). El Hijo de Dios se hizo el Hijo de, hombre a fin de que los hijos de los hombres pudieran ser Hijos de Dios.

2.2. La naturaleza divina de Jesús.

Si nos acercamos al estudio de Jesús con razonamiento humano, habrá la tendencia de descubrir sólo su humanidad; si nos acercamos con devoción emocional, tendremos la tendencia de encontrar sólo su divinidad; pero si estudiamos la Biblia con fe, aceptaremos lo que revela la Palabra de Dios - su humanidad y deidad. Hemos examinado las pruebas de su humanidad; veamos ahora la evidencia de su deidad:

- En el Antiguo Testamento, los profetas profetizan su venida, y le dan nombres divinos: Isaías lo llama "Dios fuerte, Padre Eterno" (Is. 9:6), y 'Emanuel". que significa 'Dios con nosotros" (7: 14). Jeremías lo llama "Jehová, justicia nuestra [Jehová- Tsidkenu]" (Jer. 23:6). David habla de Él como "Mi Señor" (Sal. 110: 1-7).
- Jesús es llamado 'Dios". y "Señor" en el Nuevo Testamento: 'Entonces Tomás respondió y le dijo: ¡Señor mío, y Dios mío!" (Jn. 20:28); 'Pero sabemos que el Hijo de Dios ha venido... Este es el verdadero Dios, y la vida eterna" (1 Jn. 5:20);..... vino Cristo, el cual es Dios sobre

todas las cosas, bendito por los siglos. Amén" (Rom. 9:5);..... Y el Verbo era Dios" (Jn. 1: 1);..... la manifestación gloriosa de nuestro gran Dios y Salvador Jesucristo" (Tit. 2: 13); "Tu trono, oh Dios, por el siglo del siglo" (Heb. 1:8, citado del Sal. 45:6).

Es llamado el "único" Hijo de Dios. El término "unigénito" (gr., monogenes) significa "único, del mismo tipo." Jesús no fue creado como el Hijo de Dios, Él fue eternamente el Hijo. 'De cierto, de cierto os digo: viene la hora, y ahora es, cuando los muertos oirán la voz del Hijo de Dios; y los que la oyeren vivirán"(Jn. 5:25); "Porque lo que era imposible para la ley, por cuanto era débil por la carne, Dios, enviando a su Hijo en semejanza de carne de pecado y a causa del pecado, condenó al pecado en la carne" (Rom. 8:3); 'Este es anticristo, el que niega al Padre y al Hijo. Todo aquel que niega al Hijo, tampoco tiene al Padre. El que confiesa al Hijo, tiene al Padre" (1 Jn. 2:22b, 23).Jesús declara ser uno con el Padre: "Yo y el Padre uno somos" (Jn. 10:30); "El que me ha visto a mí, ha visto al Padre" (Jn. 14:9). (También Jn. 14:7-11).

- Jesús tenía preexistencia: "Antes que Abraham fuese, Yo soy" (Jn. 8:58); "En el principio era el Verbo, y el Verbo era con Dios, y el Verbo era Dios... y aquel Verbo fue hecho carne" (Jn. 1:1-5,14). "Ahora pues, Padre, glorifícame tú al lado tuyo, con aquella gloria que tuve contigo antes que el mundo fuese" (Jn. 17:5). Ver también Fil. 2:5-11; Jn. 1:15; Heb. 1:1-3).

- Atributos divinos fueron adjudicados a Jesús:

(1) Omnipotencia: "Toda potestad me es dada en el cielo y en la tierra" (Mt. 28: 18); 'Y sin él nada de lo que ha sido hecho, fue hecho" (Jn. 1:3); "Porque en él fueron creadas todas las cosas, las que hay en los cielos y las que hay en la tierra, visibles e invisibles; sean tronos, sean dominios, sean principados, sean potestades; todo fue creado por medio de él y para él. Y él es antes de todas las cosas y todas las cosas en él

subsisten" (Col. 1: 16, 17). (Ver también Jn. 1: 14; 11:25,26; 20:30,31; Col. 2:9).

(2) Omnisciencia: "Pero Jesús mismo no se fiaba de ellos, porque conocía a todos, y no tenía necesidad de que nadie le diese testimonio del hombre, pues él sabía lo que había en el hombre", (Jn. 2:24,25). 01er también Jn. 1:48-51; 16:30; 21:17; Col. 2:3).

(3) Omnipresencia: "... He aquí yo estoy con vosotros todos los días hasta el fin del mundo" (Mt. 28:20); "Nadie subió al cielo, sino el que descendió del cielo; el Hijo del Hombre, que está en el cielo" (Jn.3:13).

(4) Eternidad: "Y él es antes de todas las cosas" (Col. 1:17); "Jesucristo es el mismo ayer, y hoy y por los siglos" (Heb. 13:8). (Ver también Jn. 1: 1-3; 8:58; Mi. 5:2; Ap. 1: 17; Heb. 1:8)

(5) Inmutabilidad: Ver Heb. 13:8.

(6) Creación: Ver Jn. 1:3-10; Col. 1: 16; Heb. 1: 10; Ef. 3:9; Jn. 1: 10.

(7) Santidad: "Y sabéis que él apareció para quitar nuestros pecados, y no hay pecado en él" (1 Jn. 3:5). Ver también 1 P. 2:22; Heb.7:26).

(8) Perdón de pecados: "... dijo...Hijo, tus pecados te son perdonados" (Mr. 2:5). 01er también Lc. 7:48).

(9) Todo juicio le es dado: "Porque el Padre a nadie juzga, sino que todo el Juicio le dio al Hijo" (Jn. 5:22). (Ver también Hch. 17:31; Ap. 22:12; Rom. 2:16; Mt. 16:27; 25: 31-33; 1 Cor. 5:10).

• Jesús hizo declaraciones de sí mismo que serían absurdamente graciosas si Él no fuera divino: 'Yo soy la resurrección y la vida; el que cree en mí, aunque esté muerto vivirá. Y todo aquel que vive y cree en mí, no morirá eternamente" (Jn. 11:25,26). (Ver también Jn. 4: 14,26; 5:20; 6:33-35; 6:40,50,51,53,54,63; 8:12,23,24; 8:56,58; 9:35-39; 10:7-9).

• Jesús estaba consciente de la relación sin igual que tenía con el Padre y con el Espíritu Santo como el Hijo de Dios. Esto se evidencia en sus declaraciones: "Pero cuando venga el Consolador, a quien yo os enviaré del Padre, el Espíritu Santo de verdad, el cual procede del Padre, él dará testimonio acerca de mí .. Os conviene que yo me vaya; porque si

Cristología

no me fuete, el Consolador no vendrá a vosotros; mas si me fuere, os lo enviaré" (Jn. 15:26; 16:7). (Ver también Jn. 6:20-27; 7:38,39).

- Se rindió adoración a Jesús. Éxodo 34:14 estipula: "Porque no te has de inclinar a ningún otro Dios, pues Jehová, cuyo nombre es Celoso, Dios celoso es. " La adoración pertenece sólo al Dios todopoderoso; sin embargo, Cristo recibió genuina alabanza sin objeción ni protesta: "Entonces los que estaban en la barca vinieron y le adoraron, diciendo: Verdaderamente eres Hijo de Dios" (Mt. 14:33). En el nacimiento de Jesús los sabios o magos de oriente vinieron a rendirle homenaje "...su estrella hemos visto en el oriente, y venimos a adorarle '" y al entrar en la casa, vieron al niño con su madre María, y postrándose, lo adoraron..."(Mt. 2:2,11). Dios ordenó con respecto a su Hijo "Y otra vez, cuando introduce al Primogénito en el mundo dice: Adórenle todos los ángeles de Dios" (Heb. 1:6). A quien sea que se le rinda adoración, el mismo es el verdadero Dios. Jesús es verdadero Dios, segunda persona de la deidad, co-igual y coeterno con el Padre. Amén. En siglos pasados la deidad de Cristo fue negada; primero por los Ebionitas en 107 d.C., después (en 325 d.C.) por Arias y sus seguidores. En tiempos modernos la deidad de Cristo ha sido cuestionada por los deístas, los unitarios, los científicos cristianos, testigos de Jehová, mormones y muchos teólogos liberales. La corriente principal de la iglesia siempre ha mantenido la doctrina de la trinidad y la deidad de Cristo. Algunos, que han profesado creer la en la deidad de Cristo, en realidad creen en un Cristo creado que era mayor que los hombres pero menor que Dios, o creen que Él era "divino" en el sentido de que todos los hombres pueden ser divinos.

3. Las obras de Cristo.

Jesús era un trabajador. Él dijo: "Mi Padre hasta ahora trabaja, y yo trabajo" (Jn. 5: 17). Una vez, cuando los discípulos estaban preocupados por su necesidad de alimento, Jesús respondió diciendo, "Mi comida es que haga la voluntad del que me envió, y que acabe su obra" (Jn. 4:34).

Sintiendo la urgencia de su tarea, Jesús exclamó, "Me es necesario hacer las obras del que me envió, entre tanto que el día dura; la noche viene, cuando nadie puede trabajar Entre tanto que estoy en el mundo, luz soy del mundo" (Jn. 9:4,5). En la oración de Jesús cerca del final de su ministerio terrenal, Él dijo 'Yo te he glorificado en la tierra; he acabado la obra que me diste que hiciese" (Jn. 17:4).

Parece bastante claro que cualquier estudio de la fe cristiana debe interpretar el significado de la obra de Cristo en la tierra. En un tiempo determinado, Dios mismo, en la persona de su único Hijo, visitó nuestro mundo redimiendo a un pueblo para ser su propia posesión. Lo que hizo el Hijo de Dios mientras estuvo aquí, y cómo eso logró nuestra salvación, debe ser el asunto más importante que llegue a ocupar nuestras mentes. La obra de Cristo debe ser estudiada; lo único que queda por decidir es cómo organizar mejor ese estudio. Muchos escritores han preferido estudiar la obra del Señor bajo tres encabezamientos: (1) Su trabajo como profeta (2) Su trabajo como sacerdote, y (3) Su trabajo como rey. Aunque este método de estudio ha sido criticado, su valor desde la perspectiva de toda la Biblia parece recomendarlo. Es por esta razón que nosotros usaremos este método. Había tres clases de líderes en el Antiguo Testamento, comisionados por Dios, quienes eran introducidos a sus oficios por el acto simbólico del ungimiento con aceite, dicha unción significaba la plenitud del Espíritu Santo. El término "Mesías" significa "El ungido.' Era apropiado que Cristo, el "Ungido de Dios", debiera cumplir todos estos tres ministerios como el perfecto Profeta, Sacerdote, y Rey:

3.1. Cristo el Profeta.

Un profeta es uno comisiono por Dios para dar a conocer su voluntad al hombre. El más grande profeta en el Antiguo Testamento fue Moisés, quien habló en el nombre de Dios, revelando la voluntad divina al pueblo elegido de Dios a través de la ley. El trabajo secundario de un profeta era aquel de predecir eventos futuros. En Deuteronomio 18: 18, 19, Moisés predijo la venida del más grande de todos los profetas: Profeta les levantaré de en medio de sus hermanos, como tú; y pondré mis palabras en su boca, y él les hablará todo lo que yo le mandare. Más a cualquiera que no oyere mis palabras que él hablare en mi nombre, yo le pediré cuenta.

Después de la sanidad del hombre paralítico en la puerta "La Hermosa", Pedro se dirigió a la gente, declarando que Jesús era el profeta prometido que cumplió la profecía de Moisés. Luego agregó: "A vosotros primeramente, Dios, habiendo levantado a su Hijo, lo envió para que os bendijese, a fin de que cada uno se convierta de su maldad" (Hch. 3:26).

Cuando Cristo se levantó para dirigirse a la sinagoga en Nazaret, citó una profecía mesiánica de Isaías: "El Espíritu del Señor está sobre mí, por cuanto me ha ungido para dar buenas nuevas a los pobres; Me ha enviado a sanar a los quebrantados de corazón; A pregonar libertad a los cautivos, y vista a los ciegos; A poner en libertad a los oprimidos; a predicar el año agradable del Señor." (Is. 61:2a). Cuando todo ojo estuvo puesto en Él, continuó diciendo, "Hoy se ha cumplido esta escritura delante de vosotros" (Lc. 4: 18, 19,21).

En las epístolas del Nuevo Testamento, el pasaje que expresa más claramente la misión profética de Jesús, de hablar al hombre en nombre de Dios, es Hebreos 1: 1 ,2: "Dios, habiendo hablado muchas veces y de muchas maneras en otro tiempo a los padres por los profetas, en estos postreros días nos ha hablado por el Hijo, a quien constituyó heredero de todo."

Habían cinco funciones que generalmente caracterizaban al ministerio de un profeta: predicar, enseñar, disciplinar, predecir y hacer milagros. El ministerio de todo profeta no cumplía las cinco funciones en su totalidad, pero podríamos destacar a Elías, Isaías, Jeremías y varios otros cuyos ministerios incluían todas las cinco funciones. Ciertamente todas las funciones' mencionadas anteriormente fueron manifiestas plenamente en el ministerio de Jesús el Profeta:

3.1.1. Predicar: Jesús comenzó su ministerio profético con predicación: Marcos 1: 14 dice de Él: "... Jesús vino a Galilea predicando el evangelio del reino de Dios " Hay cerca de cincuenta (50) discursos de Jesús registrados en el Nuevo Testamento, de los cuales el más conocido es el "Sermón del monte." Es demostrado por las palabras registradas en Marcos 13:8, que Jesús predicó con un sentido misionero, "Vamos a los lugares vecinos, para que predique [gr., kerusso, "publicar"] también allí; porque para esto he venido.' La predicación de Jesús era revolucionaria porque llamaba a los hombres a cambiar sus caminos. Marcos nos da un extracto de uno de sus primeros mensajes: "El tiempo se ha cumplido, y el reino de Dios se ha acercado; arrepentíos, y creed en el evangelio" (Mr. 1: 15). Al principal de los judíos, Nicodemo, Jesús demandó: "Os es necesario nacer de nuevo" (Jn. 3: 7). Pero Jesús no predicó como un profeta del juicio final, siempre ofreció la certeza de esperanza, como en Juan 3: 17: Porque no envió Dios a su Hijo al mundo para condenar al mundo, sino para que el mundo sea salvo por él. De nuevo, Porque el Hijo del Hombre vino a buscar y a salvar lo que se había perdido. (Lc. 19: 10) No obstante, Jesús no vino solamente a predicar el evangelio. Él vino a fin de que hubiera un evangelio que predicar.

3.1.2. Enseñar: La Palabra tiene mucho que decir acerca del ministerio de enseñanza de Jesús. "Y entraron en Capernaúm; y los días de repo- so, entrando en la sinagoga, enseñaba. Y se admiraban de su doctrina; porque les enseñaba como quien tiene autoridad, y no como los escribas" (Mr. 1:21,22). Los discípulos generalmente se dirigían a Jesús 'como "maestro." La palabra "maestro" es usada más de cuarenta (40) veces en los evangelios, y generalmente es aplicada a Jesús. Debe

Cristología

ser- notado, sin embargo, que la palabra griega usualmente traducida como "maestro" es didaskalos. Una palabra griega que también traducida significa "maestro" es rabbi (rabí).

En tiempos antiguos el título "maestro" era de gran prestigio. Jesús fue el más grande de todos los maestros. El no citaba autoridades, Él era la autoridad. El no enseñaba el camino, Él era el camino. Él no era sólo "el que decía la verdad, Él era la verdad. Cuando Jesús preguntó a sus seguidores si ellos también lo dejarían, Pedro respondió: "Señor, ¿a quién iremos? Tú tienes palabras de vida eterna" (Jn. 6:68). Después del discurso de Jesús en la fiesta de los tabernáculos, donde dijo: "El que cree en mí... de' su interior correrán ríos de agua viva" (Jn. 7:38) muchos gritaron "verdaderamente éste es el profeta" (Jn. 7:40); y los oficiales del sanedrín volvieron informando: "Jamás hombre alguno ha hablado como este hombre" (Jn. 7:46). Las enseñanzas de Jesús caracterizadas por sus parábolas (38 en total), atraían aun a los niños. La parábola del "Buen samaritano" bien puede ser la mejor conocida historia en el mundo occidental. El apóstol Juan ha dicho las palabras máximas sobre. Jesús el Maestro: "A Dios nadie le vio jamás; el unigénito Hijo, que está en el seno del Padre, él le ha dado a conocer" (Jn. 1:18).

3.1.3. Discipular: Muy relacionado con el ministerio de enseñanza de Jesús estaba el de hacer discípulos, muchos de los cuales llegaron a ser los apóstoles de la iglesia y los primeros predicadores del mensaje del Cristo muerto y resucitado. En la primera misión de predicación de Jesús, lo siguiente es relatado por Marcos: "Andando junto al mar de Galilea, vio a Simón y a Andrés su hermano, que echaban la red en el mar; porque eran pescadores. Y les dijo Jesús: Venid en pos de mí, y haré que seáis pescadores de hombres" (Mr. 1:16,17). Muy poco tiempo después Marcos declara: 'Y estableció a doce, para que estuviesen con él, y para enviarlos a predicar, y que tuviesen autoridad para sanar enferme-

dades y para echar fuera demonios... "(Mr. 3: 14, 15). Este pasaje nos informa de los tres propósitos de hacer discípulos:
- Para que estén con Él
- Para que prediquen, y
- Para que sanen y echen fuera demonios.

Si estos están en orden de prioridad, el asunto de primera importancia era el de pasar tiempo en la presencia del Maestro. Un discípulo no es solamente uno que aprende el contenido de libros y discursos; es uno que madura al estar en la presencia de su maestro, siguiendo su ejemplo, llenándose de su espíritu. Más tarde, cuando Jesús dio a sus discípulos la gran comisión de ir y hacer discípulos a todas las naciones, ellos entendieron bien el significado de 'hacer discípulos." Nuestra tarea hoy todavía es la de hacer discípulos que aprendan a seguir a Jesús a través de verlo en nosotros, y de observar su poder manifiesto en nosotros. En segundo lugar, Él les enseñó a través de su ejemplo, a predicar el evangelio del reino, no de palabra solamente, pero también en el poder de liberación. En tercer lugar, les dio poder para sanar a los enfermos y para echar fuera demonios. No estamos sorprendidos de que Marcos concluya su evangelio con estas palabras de profecía: "Y estas señales seguirán a los que creen: En mi nombre echarán fuera demonios; hablarán nuevas lenguas... sobre los enfermos pondrán sus manos, y sanarán... Y ellos, saliendo, predicaron en todas partes, ayudándoles el Señor y confirmando la palabra con las señales que la seguían. Amén" (Mr. 16: 17, 18,20).

3.1.4. Predecir: Una secundaria, pero importante, función del profeta era la de predecir eventos futuros. Si las predicciones de un profeta acontecían y glorificaban a Dios, el profeta era reconocido como un auténtico

enviado de Dios. Aunque la mayor parte de las predicaciones y enseñanzas de Jesús eran dirigidas a la gente de ese tiempo, Él hizo un número de predicciones de eventos futuros que autenticaron su deidad. Algunas de sus

predicciones fueron:
- Su propia muerte y resurrección (Mt. 16:21).
- La persecución de la iglesia (Le. 12: 11).
- La venida del Consolador, el Espíritu Santo, para morar en la iglesia (Jn. 16:7-11; 14:16, 17,27).
- La destrucción del templo y de la ciudad de Jerusalén en 70 d. C. (Le. 19:43,44; 21:6).
- Las señales y condiciones de los últimos días (Mt. 24; Mr. 13; Le. 21).
- El triunfo de la iglesia; la iglesia ha tenido muchos enemigos y ha soportado muchas tribulaciones; sin embargo, es de consuelo recordar que Jesús predijo el triunfo de la Iglesia: "... edificaré mi iglesia; y las puertas del Hades no prevalecerán contra ella"(Mt. 16: 18); "Y será predicado este evangelio del reino en todo el mundo, para testimonio a todas las naciones; y entonces vendrá el fin" (Mt. 24: 14). Jesús era el Profeta por excelencia.

3.1.5. Hacer milagros:

Una frecuente señal de un profeta era que su ministerio era acompañado por lo sobrenatural. Los hechos maravillosos de Moisés van desde las plagas de Egipto y la división del Mar Rojo hasta hacer brotar agua de la

roca. Elías hizo descender fuego del cielo, multiplicó el grano y el aceite de la viuda, levantó al hijo de ella de entre los muertos, y finalmente, fue llevado al cielo en un torbellino. Eliseo trajo sanidad al leproso Naaman, levantó al hijo de la sunamita, y numerosos otros milagros. Isaías trajo sanidad al rey Ezequías. Daniel cerró la boca de los leones e interpretó sueños imposibles. Es natural entonces, que el ministerio de

Jesús fuera caracterizado por lo milagroso. No era sólo un obrador de milagros, Él era la fuente principal de lo sobrenatural.

Cuando consideramos la persona y misión de Jesús, que Él' es Dios encarnado y el Salvador del mundo, es inconcebible pensar que Él hubiera escondido completamente su identidad con un disfraz humano. Su nacimiento fue un milagro y su resurrección de entre los muertos fue el milagro de todos los milagros. Él demostró su deidad a través de milagros, tales como caminar sobre el agua, calmar la tormenta, convertir el agua en vino, y multiplicar el pan y los peces; estos eran milagros sobre la naturaleza, forjados por el creador de todas las cosas. Con todo, la gran mayoría de sus señales y prodigios fueron milagros de compasión sobre los enfermos, los afligidos y los poseídos por demonios.

Jesús vino a destruir las obras del diablo. Él impartió a la iglesia el poder para llevar a cabo un ministerio de liberación que fue obvio en el libro de los Hechos de los Apóstoles. Jesús aseguró la continuación de milagros en la gran comisión cuando dijo: "Toda potestad me es dada en el cielo y en la tierra. Por tanto id... y he aquí yo estoy con vosotros todos los días hasta el fin del mundo [lit., consumación del siglo]" (Mt. 28: 18-20). Si el Señor resucitado está con nosotros, Él confirmará su palabra con señales, comenzando por supuesto, con el gran milagro de regeneración "... y aún mayores [obras] hará, porque yo voy al Padre" (Jn. 14: 12) 0Ier también 11 P. 1:3,4).

3.2. Jesús nuestro Gran Sumo Sacerdote.

Mientras que el profeta representa a Dios delante de los hombres, el sacerdote representa al hombre delante de Dios. Hay tres cosas que caracterizan la obra del sacerdote:

3.2.1. Jesús es uno con los hombres, y es tomado de entre ellos para representarlos delante de Dios (Ex. 28: 1; Heb. 5: 1 ,2). Jesús se despojó de la manifestación exterior de igualdad con Dios, y tomó a sí mismo la forma de un siervo, hecho en la semejanza de los hombres (Fil. 2:5-8). Esto lo hizo para identificarse completamente con aquellos por los cuales haría expiación. Él va a Dios el Padre en nuestro favor, porque Él se hizo uno con nosotros. He aquí la importancia de la naturaleza humana de Jesús: "Por lo cual debía ser en todo semejante a sus hermanos, para venir a ser misericordioso y fiel sumo sacerdote en lo que a Dios se refiere, para expiar los pecados del pueblo. Pues en cuanto él mismo padeció siendo tentado, es poderoso para socorrer a los que son tentados" (Heb. 2: 17, 18).

3.2.2. Jesús ofrece a Dios sacrificios para la expiación de pecados (Lv. 4: 13-21; Heb. 10: 11,12) Existe la circunstancia notable de que Jesús era sacerdote y sacrificio en una persona: "Porque hay un solo Dios, y un solo mediador entre Dios y los hombres, Jesucristo hombre... "(1 Ti. 2:5). Jesús fue anunciado por Juan el Bautista, su precursor, como "el Cordero de Dios, que quita el pecado del mundo" (Jn. 1:29). Pedro habla de Jesús como el sacrificio: "Sabiendo que fuisteis rescatados de vuestra vana forma de vivir, la cual recibisteis de vuestros padres, no con cosas corruptibles, como oro o plata, sino con la sangre preciosa de Cristo, como de un cordero sin mancha y sin contaminación... "(1 P. 1: 18, 19). En el drama final, se busca a uno que pueda tomar el título de propiedad del reino, de la mano de aquel que ocupa el trono del cielo. Ninguno fue encontrado, sólo uno llamado "El León de la Tribu de Judá" y "La Raíz de David. " Cuando Él se acercó al trono a tomar el documento, fue visto como un cordero inmolado. Todo el cielo y la iglesia cantaron cántico nuevo: "Digno eres... porque tú fuiste inmolado, y con tu sangre nos has redimido para Dios, de lodo linaje y lengua y pueblo y nación... "(Ap. 5: 1- 9). (Ver Rom. 8:6-10).

3.2.3. Jesús es un mediador que intercede por el pueblo (Is. 53: 12; Heb. 7:25; 1 Ti. 2:5). Jesús no sólo murió para expiación de nuestros pecados; Él nos representa perpetuamente a la diestra del Padre como nuestro intercesor. En Hebreos 10: 12 se nos dice: "Pero Cristo, habiendo ofrecido una vez y para siempre un solo sacrificio por los pecados, se ha sentado a la diestra de Dios ... " Nuestro sumo sacerdote no sólo nos salva de la culpabilidad del pecado, Él intercede eternamente por nosotros, salvando- nos del poder y la presencia del pecado: "más éste, por cuanto permanece para siempre, tiene un sacerdocio inmutable; por lo cual puede también salvar perpetuamente a los que por él se acercan a Dios, viviendo siempre para interceder por ellos" (Heb. 7:24-25). San Pablo explica claramente la obra intercesora de Cristo en Rom. 8:34: ¿Quién es el que condenará? Cristo es el que murió; más aún el que también resucitó, el que además está a la diestra de Dios, el que también intercede por nosotros.

En resumen: Jesús es nuestro sumo sacerdote quien, habiéndose identificado con nosotros, nos representa ante el Padre; a través de Él tenemos acceso al trono de gracia. Él es también el sacrificio perfecto por el pecado, a través de cuya sangre hemos sido reconciliados con Dios. Finalmente, Él es el abogado que intercede por nosotros: "habiendo él llevado el pecado de muchos, y orado por los transgresores" (Is. 53:12b).

Es importante mencionar que el orden sacerdotal de Jesús era el de Melquisedec. Melquisedec es mencionado once (11) veces en la Escritura, nueve (9) en el libro de Hebreos: 5:6,10; 6:20; 7: 1, 10, 11, 15,17 ,21. El relato histórico de este celebrado sacerdote se encuentra en Génesis 14: 18-20, y está resumido en tres cortos versículos. Para algunos puede ser dudosa la manera en que el escritor de Hebreos hace una completa tipología de Cristo con Melquisedec. Las dudas se disipan fácilmente cuando se estudia la notable referencia a Melquisedec en el Salmo 110:4:

Cristología

"Juró Jehová, y no se arrepentirá: tú eres sacerdote para siempre, según el orden de Melquisedec. " El capítulo 110· de Salmos es mesiánico, comenzando con la bien conocida referencia a Cristo: "Jehová dijo a mi Señor [Adonaí]: siéntate a mi diestra, hasta que ponga a tus enemigos por estrado de tus pies;" Esta profecía es citada por Jesús mismo, registrado por Lucas en Hechos 2:34,35, y por el escritor de Hebreos en 1: 13. El salmo 110:4 es una profecía del sacerdocio de Cristo, del cual Melquisedec es el perfecto tipo.

En el capítulo siete de Hebreos podemos ver cómo este sacerdote del Dios altísimo (El Elyon), el Dios de Abraham, tipifica el perfecto sacerdocio de Cristo. Su nombre, Melquisedec, significa "Rey de justicia", y como era rey de Salem (Jerusalén), su título significa "Rey de paz." La combinación ideal de "justicia" y "paz" es lograda en Jesucristo, quien es el "Rey de Justicia" (Is. 32:1), y el "Príncipe de Paz" (Is. 9:6); y sólo en Jesús el Salvador

podemos estar seguros: "Justificados, pues, por la fe, tenemos paz para con Dios por medio de nuestro Señor Jesucristo... " ver Is. 32: 17).

Melquisedec fue más que un sacerdote, también fue rey. Aunque Jesús cumplía un número de aspectos del sacerdocio levítico (cruzar el velo), Leví no podía ser su tipo porque los sacerdotes venían solamente de la tribu de Leví; Jesús era "El Hijo de David", "El León de la Tribu de Judá" (Heb. 7:14), "El Rey Venidero."

El sacerdocio de Melquisedec era superior al levítico por las siguientes razones dadas en el capítulo siete de hebreos:

- Abraham, el tatarabuelo de Leví, pagó diezmos a Melquisedec, su superior (Vs. 4).
- Abraham fue bendecido por él, "el menor es bendecido por el mayor"(Vs.6, 7).
- Los sacerdotes levíticos deben poder trazar su genealogía; no se reconoce ningún parentesco o genealogía para Melquisedec, aunque el libro de Génesis está lleno de genealogías 0Is. 3).

- Las muertes de Leví, Aarón, y Eleazar están registradas. No hay ninguna mención del nacimiento o la muerte de Melquisedec; su sacerdocio fue por directo designio divino, sin depender de posición en la tribu o de parentesco; por lo tanto en su tipo, el sacerdocio de Melquisedec es perpetuo Is. 15-17).

- La obra sacerdotal del sacerdocio levítico tenía virtud sólo porque, en la "consumación de los siglos", el sacerdote perfecto vendría y ofrecería el sacrificio perfecto (Heb. 10: 1-12).

El sacerdote perfecto, profetizado por el salmista en Salmo 110:4 sería un sacerdote real: "Jehová enviará desde Sion la vara de su poder; domina en medio de tus enemigos" (Sal. 110:2).

La especulación sobre la identidad de Melquisedec no ha tenido fin; algunos han pensado que él era una "Cristofanía", una apariencia preencarnada de Cristo, o un ángel. La Biblia no dice que Jesús era Melquisedec, pero que su sacerdocio era "a semejanza de su orden del Melquisedec" (Heb. 7:15-17). Si Melquisedec hubiera sido un ser sobrenatural, y no un hombre, no hubiera tipificado a Jesús en su naturaleza humana que era esencial: "Porque todo sumo sacerdote tomado de entre los hombres... "(Heb.5:1).

Melquisedec fue un rey terrenal de Salem, pero él había sido designado al sacerdocio del Dios altísimo por revelación directa, su oficio no dependía de una dinastía sacerdotal. Aunque era humano, su sacerdocio era divino e interminable en naturaleza.

Ya que el sacerdocio de Leví (y Aarón) no podía quitar el pecado con sacrificios animales (Heb.10:4), tenía que venir un sumo sacerdote de una orden perpetua que pudiera, por su soberanía, ser rey y destruir el reino de Satanás. El sacerdocio levítico estaba bajo la antigua ley que estaba destinada a ser anulada (Heb. 19: 18). El sacerdocio de Jesús está bajo el nuevo pacto de gracia: "por lo cual puede también salvar perpetuamente a los que por él se acercan a Dios, viviendo siempre para interceder por ellos" (Heb 7:25).

3.3. **Jesús nuestro rey.** Hemos elegido estudiar las obras de Cristo bajo las categorías de profeta, sacerdote y rey. Como profeta, Él es el portador de mensajes; como sacerdote, Él es el que hizo expiación por los pecados; como rey, Él es el poseedor del cetro. Moisés profetizó su venida como un profeta; Isaías predijo su venida como el sacerdote que cargó en sí mismo el pecado del mundo; y Daniel lo vio como el Mesías y rey venidero: "Sabe, pues, y entiende, que desde la salida de la orden para restaurar y edificar a Jerusalén hasta el Mesías Príncipe, habrá siete semanas, y setenta y dos semanas... "(Dn. 9:25). El ángel anunció el nacimiento de Jesús a María como una proclamación real:

Y ahora, concebirás en tu vientre, y darás a luz un hijo, y llamarás su nombre Jesús. Este será grande y será llamado Hijo del Altísimo; y el Señor Dios le dará el trono de David su padre; y reinará sobre la casa de Jacob para siempre, y su reino no tendrá fin (Lc. 1:31-33). Examinemos la obra real de Cristo bajo tres encabezamientos:

3.3.1. Cristo vino como un rey, ¿"dónde está el rey de los judíos, que ha nacido?" (Mt. 2:2); por lo tanto, Él estaba consciente de su misión real como fue anunciado por Juan el Bautista, "El reino de 105 cielos se ha acercado"(Mt. 3:2). Él se presentó en Jerusalén como su rey profetizado en Zacarías 9:9: He aquí tu rey vendrá a ti, justo y salvador... "(Ver Mr. 11: 1-11). Cuando Pilato le preguntó si Él era un rey, Jesús le contestó afirmativamente, pero agregó: "Mi reino no es de este mundo... "(Jn. 18:36). La cruz en que Jesús murió llevó el título: "Jesús nazareno, Rey de los judías" (Jn. 19: 19). Después de la resurrección, durante los últimos cuarenta (40) días de Jesús sobre la tierra, Él estuvo ocupado en su reino; como informa Lucas: "apareciéndoseles durante cuarenta día y hablándoles acerca del reino de Dios" (Hch. 13).

3.3.2. Cristo representó su reino tanto presente como futuro:

"... Jesús vino a Galilea predicando el reino de Dios, diciendo: 'El tiempo se ha cumplido, y el reino de Dios se ha acercado... '" (Mr. 1:14,15). Jesús dijo acerca de su reino, "porque he aquí el reino de Dios está entre vosotros" (Mr. 17:21). Algunos eruditos insisten en que el reino de Dios es enteramente futuro, un reino escatológico. Ellos pasan por alto dos cosas:

• Primero, la palabra griega para "reino" Basilea no significa la esfera sobre la cual Cristo gobierna, pero el reinado mismo. Dondequiera que Cristo es soberano, allí está su reinado (reino). Dondequiera que Cristo es Señor, allí está presente su reino.

• Segundo, cuando los hombres vienen a Cristo, están siendo liberados del reino de Satanás al reino de Cristo (Col. 1: 13).

Durante el ministerio terrenal de Jesús, culminado por la cruz y la resurrección, Él estaba trastornando el reino de Satanás: "Más si por el dedo de Dios hecho yo fuera los demonios, ciertamente el reino de Dios ha llegado a vosotros" (Lc. 11:20). Mayor que lo anterior es el hecho de que Jesús, en conexión a la fundación de la iglesia, dijo a los discípulos: "Y a ti daré las llaves del reino de los cielos: y todo lo que atares en la tierra será atado en los cielos; y todo lo que desatares en la tierra será desatado en los cielos" (Mt. 16: 19). George Eldon Ladd dice lo siguiente sobre la manifestación presente del reino de Cristo:

El reino ha venido en que los poderes del reino futuro ya han entrado a la historia y a la experiencia humana a través del ministerio sobrenatural del Mesías que ha efectuado la derrota de Satanás. Los hombres pueden ahora experimentar la realidad del reinado de Dios... La presencia de Cristo en la tierra tenía como su propósito la derrota de Satanás, su atadura, para que el poder de Dios pueda ser una realidad vital en la experiencia de aquellos que ceden al reinado de Dios convirtiéndose en

Cristología

discípulos de Jesús. En Cristo, el reino en la forma de su poder, ha venido entre los hombres."

3.3.3. Como culminación de la obra de Cristo sobre la tierra, Él vendrá otra vez para reinar sobre su reino escatológico como Rey de Reyes y Señor de Señores (Ap. 19: 16; 20:6; 22:5,16). Juan engrandece hermosamente a Cristo en su obra real: "Y de Jesucristo el testigo fiel, el primogénito de los muertos, y el soberano de los reyes de la tierra. Al que nos amó y nos lavó de nuestros pecados con su sangre, y nos hizo reyes y sacerdotes para Dios, su Padre, a él sea la gloria e imperio por los siglos de los siglos. Amén" (Ap. 1:5,6).

Jesús cumplió las profecías del Mesías venidero. Su reino no era un reino visible con trono y capitolio; pero durante su ministerio terrenal, derrotó a Satanás e inició un reino de justicia. Sus súbditos, dotados de poder, están por la predicación del evangelio del reino (Hch. 28:22,31) rescatando a hombres del reino de Satanás, y guiándoles al reino de Cristo (Col. 1:13). En la culminación de esta era, Cristo el Rey vendrá y establecerá su reino en la tierra como en el cielo y reinaremos juntamente con Él. El requisito para ser parte del reino futuro de Cristo está estipulado en la parábola de los talentos: "Bien, buen siervo y fiel, sobre poco has sido fiel, sobre mucho te pondré... "(Mt. 25:21). "Fidelidad" no significa solamente "sumisión", sino también "lleno de fe."

DIOS EL ESPIRITU SANTO.

Acerca del Espíritu Santo, el credo Nicea no dice: "Creemos en el Espíritu Santo, quien es Señor y dador de vida, quien procede del Padre, que está con el Padre e Hijo, es glorificado y adorado, que habló por los profetas." Ya que vivimos en la dispensación del Espíritu Santo, es muy importante que sepamos de Él todo lo que la Palabra nos revela. Una doctrina sana depende de un claro y exacto entendimiento de la naturaleza y obra de la bendita tercera persona de la trinidad que habita en y da poder a la iglesia, el cuerpo de Cristo.

1. La personalidad del Espíritu Santo.

Algunos falsos maestros, comenzando en épocas apostólicas, han dudado o negado la personalidad del Espíritu Santo, pensando en Él como si fuera una fuerza o influencia ejecutada por Dios en vez de una persona. Esta tendencia puede derivarse en parte de la palabra "espíritu"; del latín espíritus que significa "aliento." La palabra griega neuma, y la palabra hebrea ruach tienen el mismo significado de "aliento" o "viento", al igual que "espíritu."

Si uno piensa en el Espíritu Santo solamente como el "aliento" o "fuerza" de Dios, entonces, éste se considera como algo impersonal y no como un ser con una identidad separada de la del Padre. Sin embargo, la revelación divina nos dice que Dios es Espíritu (no material o físico). Así como lo hace el viento, que por naturaleza es invisible, Dios también ejecuta su poder y fuerza. El espíritu del hombre es inmaterial e invisible. Si Dios es una persona, y si el hombre es hecho a su imagen, el hombre es una persona (aunque mucho inferior). ¿No sería entonces lógico pensar en el Espíritu Santo como una persona? Observe las siguientes pruebas en las Escrituras (entre muchas) de la personalidad del Espíritu Santo, al igual que de su identidad separada de la del Padre:

1.1. Se usan pronombres personales en relación con el Espíritu Santo.Jn.16:14; Ef. 1:4. A pesar del hecho de que la palabra griega para "espíritu" es de género neutro, el pronombre demostrativo ekeinos que significa "ese" es usado por Juan (16:13,14) para referirse al Espíritu Santo: "Pero cuando venga el Espíritu de verdad, él [ese] os guiará toda la verdad, él [ese] me glorificará San Pablo en Efesios1:13,14 usa un pronombre relativo masculino para referirse al Espíritu: " fuisteis sellados con el Espíritu Santo de la promesa, que [quien masc.] Es las arras de nuestra herencia." Ver también Jn. 15:26; 14: 16, 17).

1.2. Características personales son adjudicadas al Espíritu Santo. La definición de una persona es: "Uno que posee inteligencia, emociones o sentimientos, y voluntad. "El Espíritu Santo posee inteligencia: "Pero Dios nos la reveló a nosotros por el Espíritu; porque el Espíritu todo lo escudriña, aún lo profundo de Dios. ¿Por qué quién de los hombres sabe las cosas del hombre, sino el espíritu del hombre que está en él? Así tampoco nadie conoció las cosas de Dios sino el Espíritu de Dios. Y nosotros no hemos recibido el espíritu del mundo, sino el Espíritu que proviene de Dios, para que sepamos lo que Dios nos ha concedido" (1 Cor. 2:10- 12). Aún más, "la palabra de sabiduría" y la "palabra de conocimiento" son dones dados por el Espíritu Santo (1 Cor. 12:8).

- El Espíritu posee emociones y sentimientos: el Espíritu Santo ama (Rom. 15:30), se enoja (Is. 63: 10) Y es angustiado (Ef. 4:30).
- El Espíritu Santo posee voluntad: "Pero todas estas cosas las hace uno y el mismo Espíritu, repartiendo a cada uno en particular como él quiere" (1 Cor. 12: 11).

1.3. Acciones personales son atribuidas al Espíritu Santo.
- Habla: Hechos 13:2; 21:11; Ap. 2:7, 11, 17,29.
- Testifica: Jn. 15:26.
- Enseña: Jn. 14:26.
- Intercede: Rom. 8:26,27.
- Guía: Jn. 16: 13'; Hch. 16:6.
- Manda y ordena: Hch. 13:2; 20:28.

Hace milagros: Hch. 8:39; Rom.15:19.

EL EVANGELIO Y LOS EVANGELIOS

Los cuatro Evangelios son escritos singulares en su género que, en su conjunto, nos proveen de la única información directa que poseemos sobre la gran intervención salvadora de Dios en el mundo en la persona de su Hijo. Es verdad que se hallan unas breves referencias al Cristo en escritos extra-bíblicos del primer siglo, pero no añaden nada a lo que se desprende de la presentación cuádruple del Dios Hombre en los cuatro Evangelios. Pertenecen al género biográfico en cierto sentido, ya que describen el nacimiento y las actividades de Jesucristo; pero hemos de notar que no pretenden presentar vidas completas del Maestro, sino que los autores humanos, bajo la guía del Espíritu Santo, seleccionan ciertos incidentes y enseñanzas que demuestran la realidad de la revelación de Dios en Cristo, sin ninguna intención de agotar el material: cosa que, según el apóstol Juan, habría sido imposible, tanta era la riqueza de obra y palabra del corto período del ministerio del Verbo encarnado en la tierra (Juan 21:25).

Es notable que los cuatro evangelistas describan la pasión, la muerte expiatoria y la resurrección del Señor con gran lujo de detalle, por hallarse en esta consumación de la obra de Cristo la esencia misma del EVANGELIO.

Por el hecho de presentar la persona y la obra de Jesucristo, quien es el único fundamento del Evangelio, estos cortos escritos fueron llamados «los Evangelios» por los cristianos del primer siglo. Es interesante notar que pronto agruparon los cuatro escritos en un tomo que daban en llamar EL EVANGELIO, de la forma en que coleccionaron las epístolas de Pablo en un tomo llamado EL APÓSTOL. Enlazados estos dos tomos por LOS HECHOS DE LOS APÓSTOLES, disponían ya de la parte más esencial del Nuevo Testamento.

El origen del Evangelio

La palabra «Evangelio», como todos saben, significa «Buenas Nuevas», pero son buenas nuevas muy especiales, ya que se trata del mensaje

Cristología

salvador que Dios se digna hacer llegar al hombre, a pesar de su rebeldía. No hemos de buscar el origen último del Evangelio en los libros que estudiamos, ni siquiera en el misterio de la encarnación; tenemos que remontarnos mucho más alto, llegando a los designios eternos del Trino Dios. El apóstol Pablo describe en sublimes palabras tanto el origen como la manifestación del Evangelio en 2 Timoteo 1: 8-11 : «Sufre conmigo los trabajos por el Evangelio, según el poder de Dios, quien nos salvó y llamó con vocación santa., no conforme a nuestras obras, sino conforme a su propio propósito y gracia., que nos fue dada en Cristo Jesús antes de los tiempos eternos; más ahora se mostró por la manifestación de nuestro Salvador Cristo Jesús, el cual abolió la muerte y sacó a la luz la vida y la inmortalidad por el Evangelio; para el cual fui constituido predicador y apóstol y maestro». Este sustancioso pasaje nos señala el origen del Evangelio, su manifestación en Cristo, y su promulgación por los apóstoles, que viene a ser un resumen bíblico del contenido de esta introducción.

En su estilo peculiar, el apóstol Pedro describe también el origen del Evangelio «antes de la fundación del mundo» y su «manifestación al fin de los tiempos» por amor a los escogidos (1 P. 1: 18-21). El mismo Señor insistió en que su mensaje procedía «de arriba», y que pudo traerse a los .hombres solamente por medio de quien «descendió del cielo» (Jn. 3:12-16; comp. 3:30- 34). Una y otra vez el Maestro recalco que no proclamaba un mensaje individualista y humano, sino que obraba en perfecta armonía con el Padre (Jn. 8:28; 12:49--50;' 6:32-58 etc.), manifestando en el mundo lo que se había determinado en sagrado consejo entre Padre, Hijo y Espíritu Santo. El autor de Hebreos empieza su sublime epístola recordando el hecho de que Dios había hablado anteriormente a los padres por los profetas, en diversos tiempos y maneras, pero «al fin de esos días nos habló en su Hijo». El Hijo no sólo era portavoz de las Buenas Nuevas del Cielo, sino que en su persona, y a través del profundo significado de su obra, era la voz de Dios, era el Evangelio, como también y eternamente es «Camino, Verdad y Vida». Hay «Evangelio» en el AT, ya que Dios anticipa las bendiciones de la obra redentora de Cristo a los fieles de todos los tiempos, pero la revelación era incompleta aún, y no se había colocado todavía la base histórica que permitiese la operación de la gracia de Dios (Ro. 3:25,26). Hay destellos de luz, pero aún no se había levantado el sol de justicia que «viniendo en este mundo, alumbra a todo hombre» (Jn. 1:9).

EL EVANGELIO EN CRISTO JESÚS

El Evangelio en la persona y las obras de Jesucristo

Ya hemos notado el gran hecho de que el Evangelio se encarna en la persona de Jesucristo, pero aquí queremos llamar la atención del lector a los medios, aparentemente tan sencillos, que se emplean en los cuatro Evangelios para dar a conocer esta gran verdad. Cada evangelista hace su selección de incidentes, sea por lo que recordaba como testigo ocular, sea por investigar los hechos por medio de muchos testigos y ayudado por escritos ya redactados como lo hace Lucas (Lc. 1: 1-4). Las personas se revelan por lo que dicen y hacen, por las actitudes que adoptan durante el período de observación. No de otra manera se revela el Hijo de Dios a través de los relatos de los Evangelios. Cada nueva obra de gracia y poder, cada contacto con las almas necesitadas, cada reacción contra la hipocresía de los «religiositas» de su día, constituye una nueva pincelada que añade algo esencial al retrato final. Así se va revelando la naturaleza y los atributos del Cristo, que luego resultan ser los mismos atributos de Dios, revelados por medio de una vida humana en la tierra: amor perfecto, justicia intangible, santidad inmarcesible, gracia inagotable, poder ilimitado dentro del programa divino, y omnisciencia que penetra hasta lo más íntimo del hombre y hasta el secreto de la naturaleza del Padre (Comp. Jn. 2:24, 25 con Mt. 11:27). Después de acallar

Jesús la tempestad, los discípulos preguntan: «¿Quién, pues, es éste, que aún el viento y el mar le obedecen?». De hecho la misma pregunta se formulaba, consciente o inconscientemente, tras todas sus obras y palabras, hasta que por fin Tomás Dídimo cayó a sus plantas exclamando: «¡Señor mío y Dios mío!». La intención de revelarse a sí mismo, y al Padre por medio de sí mismo, queda patente en su contestación a Felipe: ¿Tanto tiempo a que estoy con vosotros, y no me has conocido? El que me ha visto a mí ha visto al Padre» (Jn. 14:9).

Hemos de distinguir dos facetas de esta maravillosa revelación: 1) de la naturaleza de Dios, que ya hemos notado en breve resumen; 2) la revelación de la naturaleza de su obra redentora. Recogiendo este último punto, rogamos que el lector medite en cualquiera de los milagros de sanidad del Señor. Por ejemplo, un leproso «viene a él», lleno de los efectos de la terrible enfermedad. Todos los demás huyen, porque son impotentes ante el mal del prójimo, y quieren sobre todo salvarse a sí mismos del contagio. Sólo Cristo está en pie y escucha el ruego: «Si quieres, puedes limpiarme». No sólo pronuncia la palabra de poder que sana al enfermo, sino que extiende la mano para tocar aquella pobre carne carcomida, lo que constituye el primer contacto con otra persona desde que se declaró la enfermedad. Mucho más se podría escribir sobre este solo caso, pero lo escrito basta para comprender que llega a ser una manifestación, por medio de un acto específico, del amor, de la gracia, del poder sanador del Señor, que restaura los estragos causados por el pecado. De parte del leproso se pone de manifiesto que hay plena bendición para todo aquel que acude con humildad y fe a las plantas del Señor.

El Evangelio en las palabras de Jesucristo

Cristo es el prototipo de todos los heraldos del Evangelio, puesto que no sólo obra, sino enseña y proclama la Palabra de Dios. Juan

Marcos empieza su Evangelio de esta manera: «Principio del Evangelio de Jesucristo, Hijo de Dios», y más tarde, al empezar a detallar el ministerio del Señor en Galilea, escribe: Jesús vino a Galilea predicando [proclamando] el Evangelio del Reino de Dios» (Mr. 1: 14). Mateo resume la obra en Galilea diciendo: «Rodeó Jesús toda Galilea, enseñando en las sinagogas de ellos, y proclamando el Evangelio del Reino» (Mt. 4:23). Lucas, después de notar cómo el Señor aplicó a sí mismo la evangélica cita de Isaías 61: 1 y 2, en la sinagoga de Nazaret, refiere estas palabras del Señor: «También a otras ciudades es necesario que anuncie el Evangelio, porque para esto soy enviado» (Le. 4:43). Vemos, pues, que aquel que era en sí la misma esencia del Evangelio, y quien lo ilustraba diáfanamente por medio de sus obras, se dedicaba también a su proclamación, ya que «la fe viene por el oír, y el oír por la Palabra de Dios». Anunciaba que el Reino de Dios, tanto tiempo esperado, había adquirido un centro, convirtiéndose en realidad espiritual gracias a la presencia del Rey en la tierra, quien vino para quitar las barreras del pecado y hacer posible un Reino fundado sobre el hecho eterno de su persona y sobre la divina eficacia de su obra.

Hemos de entender la palabra «Evangelio» en sentido amplio, y no sólo como el ruego al pecador que se someta y se salve. Es el resumen de toda la obra de Dios a favor de los hombres que quieren ser salvos, y, desde este punto de vista, toca la enseñanza del Señor que se conserva en los cuatro Evangelios es Evangelio», una maravillosa presentación de lo que Dios quiere que los hombres sepan: mensaje que en todas sus innumerables facetas llama al hombre a la sumisión de la fe y a la obediencia. Muchos heraldos ha habido, pero ninguno como él, cuyas palabras eran tan elocuentes y poderosas que hasta los alguaciles enviados a prenderle tuvieron que volver a sus amos diciendo en tono de asombro: «¡Jamás habló hombre alguno como este hombre habla!» (Jn. 7:46).

El Evangelio se funda en la obra de la cruz y la resurrección

En la última sección de este libro tendremos ocasión para considerar hasta donde llegan las pobres palabras humanas frente a misterio tal- el significado de la obra de la cruz y el triunfo de la resurrección de nuestro Señor Jesucristo. Aquí nos corresponde recordar al lector que sólo en el sacrificio del cal vario se encuentran tanto el amor como la justicia de Dios y que únicamente allí, a través de la misteriosa obra de expiación, pudieron abrirse las puertas cerradas, dando paso a la gracia de Dios, con el fin de que el pecador, delincuente convicto y sentenciado por sus ofensas en contra de la santa Ley de Dios, fuese justificado y bendecido. Satisfecho el principio fundamental de la justicia intangible del Trono de Dios, y sellada la obra por el manifiesto triunfo sobre la muerte, Cristo resucitado llega a ser el tema del Evangelio, el Primero y el Último, el que murió y vive por los siglos de los siglos (Ap. 1: 17-18). Se ha sacado a la luz la vida y

la inmortalidad por el Evangelio, en el corazón del cual se hallan la cruz y la tumba vacía.

LOS DOCE COMO TESTIGOS DE LA VIDA, MUERTE Y RESURRECCIÓN DEL SEÑOR

El entrenamiento de los Doce

Los Doce habían sido discípulos del Señor antes de ser constituidos apóstoles o enviados suyos. Marcos nota el momento del llamamiento del Señor en estas palabras: «y subió Jesús al monte, y llamó a sí a los que él quiso, y fueron a él. Y constituyó doce, para que estuviesen con él, y para enviarlos a predicar, con potestad de echar fuera demonios» (Mt. 3: 13-15). El aspecto más importante de su preparación se indica por la frase «para que estuviesen con él», ya que luego habían de testificar sobre todo de la persona del Señor, que se revelaba, como hemos visto, por cuanto hacía y decía, conjuntamente con sus reacciones frente a los hombres, frente a la historia, y frente a la voluntad de Dios, que era la suya propia, y que había venido para manifestar y cumplir. Cada intervención del Señor suscitaba preguntas, que por fin hallaron su contestación en la confesión de Pedro: «Tú eres el Cristo, el Hijo del Dios viviente»; o según otra confesión suya: «Tú tienes palabras de vida eterna, y nosotros hemos creído y conocemos que tú eres el Santo de Dios» (Mt. 16: 16; Jn. 6:68, 69).

La verdad en cuanto a la naturaleza divina y humana de Cristo tuvo que ser grabada en el corazón y la mente de los apóstoles por medio de una reiteración de pruebas que nacieron de las mismas circunstancias del ministerio del Señor. El pleno reconocimiento de quién era el Señor que sólo llegó a ser una convicción inquebrantable después de la resurrección- había de ser el sólido fundamento de todo lo demás. Su excelsa obra dependía de la calidad de su persona, como Dios manifestado en carne y como el «Hijo del Hombre», consumación de la verdadera humanidad y representante de la raza por ser el «Postrer Adán». Es preciso meditar en la importancia de los Doce como testigos-apóstoles, pues si hubiese faltado aquel eslabón de toda garantía entre la persona de Cristo y su obra salvadora, por una parte, y los hombres que necesitaban saber para creer y ser salvos, por otra, la «manifestación» se habría producido en un vacío, y no habría pasado de ser fuente de vagas leyendas en lugar de una declaración en forma histórica garantizada por el testimonio fidedigno de testigos honrados. Más tarde, y precisamente ante el tribunal del sanedrín que condenó al Señor, Pedro y Juan, prototipos de estos testigos-apóstoles, declararon: «No podemos dejar de anunciar lo que hemos visto y oído» (Hch. 4:20). Hacia el final de su vida, Pedro reiteró: «Porque al daros a conocer la potencia y la venida del Señor nuestro Jesucristo, no seguimos fábulas por arte compuestas, sino que hablamos como testigos oculares que fuimos de su majestad» (2 P. 1: 16).

No sólo tomaron buena nota estos fieles testigos de las actividades del Señor Jesucristo, sino que recibieron autoridad suya para actuar como tales, con el fin de que obrasen y hablasen en su Nombre y frente al pueblo de Israel y delante de los hombres en general. Como apóstoles tuvieron autoridad para completar el canon de las Escrituras inspiradas -luego se añade Pablo con una comisión algo distinta-, siendo capacitados por el Espíritu Santo para recordar los incidentes y las palabras del ministerio del Señor, como también para recibir revelaciones sobre verdades aún escondidas. Este aspecto de su obra se describe con diáfana claridad en los discursos del Cenáculo, capítulos 13 a 16 de Juan, y podemos fijamos especialmente en Juan 14:25,26; 15:26, 27; 16:615. El Espíritu Santo actuaba como «testigo divino» a través de los testigos apóstoles; la manera en que se desarrolló este doble testimonio complementario e inquebrantable se describe sobre todo en Hechos, capítulos 1 a 5, bien que es la base de toda la revelación del NT.

LA TRADICIÓN ORAL

La proclamación apostólica

En primer término, y como base de todo lo demás de su obra" los apóstoles tenían que «proclamar como heraldos» (el verbo griego es kerusso, y la proclamación kerugma) los grandes hechos acerca de la manifestación del Mesías, su rechazo por los príncipes de los judíos, y la manera en que Dios, por medio de sus altas providencias, había cumplido las Escrituras que profetizaban la obra del Siervo de Jehová precisamente por medio de la incredulidad de Israel y el poder bruto de los romanos. El trágico crimen del rechazo se volvió en medio de bendición, puesto que los pecados habían sido expiados por el sacrificio de la cruz, y el Resucitado, maravillosamente justificado y ensalzado por Dios, ofrecía abundantes bendiciones a los arrepentidos. Sendos y hermosos ejemplos de este «kerugma» se hallan en Hechos 2:14-36; 3:12-26; 10:34-43; 13:16-41. No nos olvidemos de que la predicación del Evangelio ha de ser en primer lugar el anuncio público de lo que Dios hizo en Cristo, pues el alma que no comprende lo que es la cruz y la resurrección, con el valor de la persona del Salvador, carecerá de base donde pueda colocar una fe de confianza, una fe salvadora.

La doctrina de los apóstoles

Con razón los evangélicos, en países donde predomina el romanismo, se ponen en guardia al oír la frase «la tradición oral», pero el estudiante ha de saber que hay «tradición oral» falsa y dañina, como también la hay (o la había) como algo fundamental e imprescindible para la transmisión del Evangelio. Roma pretende guardar una «tradición oral» después de la terminación del canon de los escritos inspirados del NT, interpretándola según los dictados autoritarios de la Iglesia, y en último término por el Papa infalible. Esta falsa tradición, que se dice existir al lado de los escritos inspirados del NT, permite a Roma interpretar las Escrituras a su manera, desvirtuando lo inspirado y seguro de «la fe entregada una vez para siempre a los santos» a través de los testimonios apostólicos escritos, en aras de unas tradiciones inciertas que se recopilan de los escritos de los «Padres», obras de valor muy desigual. Va sin decir que no admitimos ni por un momento esta pretendida tradición y rechazamos las deducciones que de ella se sacan. En cambio, si tomamos en cuenta que Marcos, el Evangelio que quizá se redactó primero, corresponde a la última etapa de la vida de Pedro (digamos sobre la década 50-60), queda un hueco de veinte a treinta años entre la Crucifixión y el primer testimonio escrito que ha llegado a nuestras manos. Desde luego existían escritos anteriores, como es lógico suponer, y que se mencionan en el prólogo del Evangelio de Lucas (1: 1-4), pero mucho del material que ahora hallamos en los cuatro Evangelios tenía que transmitirse en forma oral antes de ponerse por escrito.

Cristología

Podemos percibir el principio de la etapa de la verdadera «tradición oral» en Hechos 2:42, que describe la vida de la Iglesia que acababa de nacer en Jerusalén como consecuencia de la predicación de Pedro en el día de Pentecostés: «y perseveraban en la doctrina [enseñanza} de los apóstoles, en la comunión, en el partimiento del pan y en las oraciones». Como hemos visto, los apóstoles cumplían su cometido como heraldos del Rey, crucificado, resucitado y glorificado, proclamando el hecho y el significado de la cruz y la resurrección ante las multitudes que se congregaban para oírles en el patio de los gentiles en el área del Templo; pero llevaban a cabo otra labor también: la de instruir a los nuevos hermanos en la fe, y éstos «perseveraban» en estas enseñanzas, o sea, se mostraban diligentes y constantes en aprenderlas. Sin duda alguna, los relatos del ministerio de Jesucristo formaban parte importantísima e imprescindible de las enseñanzas de los apóstoles, quienes, ayudados por un círculo de hermanos muy enterados de los detalles de la obra de Cristo, reiteraban una y otra vez los incidentes más destacados y significativos de la vida, subrayando especialmente la gran crisis de la pasión, muerte y resurrección del Señor. Aleccionados por el Señor resucitado (Lc. 24:25-27, 44-48), citarían muy a menudo las profecías que se habían cumplido por la obra redentora de Cristo, pero aquí nos interesan las enseñanzas que daban sobre la vida de Jesús.

Tanto las narraciones como los extractos de las enseñanzas del Maestro adquirirían, a causa de su constante reiteración, formas más o menos fijas al ser anunciadas y aprendidas muchas veces; este «molde» era ventajoso cuando los «enseñados» repetían las historias a otros, pues servía en parte para salvarlas de las fluctuaciones asociadas con toda transmisión oral. Las formas se fijaron durante los primeros tiempos apostólicos, lo que garantiza su exactitud esencial. Es probable que algunos discípulos, con don para la redacción, hayan escrito narraciones del ministerio de Cristo desde el principio, pero, debido a la escasez de materiales de escribano, y la rápida extensión de la obra, es seguro que muchos creyentes habrán tenido que depender de la «tradición oral» durante muchos años.

El paso de la tradición oral a los Evangelios escritos

Escribiendo probablemente sobre los años 57 a 59, Lucas empieza su Evangelio destinado, como veremos, a Teófilo y a un círculo de gentiles cultos, con palabras que echan bastante luz sobre los comienzos de las narraciones evangélicas escritas: «Habiendo emprendido muchos la coordinación de un relato de los hechos que entre nosotros se han cumplido sé trata del ministerio del Señor tal como nos los transmitieron aquellos que desde el principio fueron testigos oculares de ellos y ministros de la Palabra; heme parecido conveniente también a mí, después de haberlo averiguado todo con exactitud, desde su principio, escribirte una narración ordenada, oh excelentísimo Teófilo, para que conozcas bien la certeza de las cosas en las cuales has sido instruido» (Lc. 1: 1-4).

Aprendemos que por la época en que Lucas empezó a redactar los resultados de sus investigaciones había muchas narraciones que recogían las enseñanzas de los apóstoles que se explicaron al principio por el método catequístico que hemos notado. A la sazón, ninguna de aquellas narraciones había adquirido autoridad de «escrito inspirado», aprobado por los apóstoles como el complemento de su misión de «recordar» y transmitir la verdad sobre la persona y la obra del Maestro, pero se acercaba el momento de la selección, por la providencia de Dios y bajo la vigilancia de los apóstoles, de cuatro escritos que habían de transmitir a través de los siglos el retrato espiritual de Cristo y el detalle necesario de su obra. Según los datos que constan en la breve introducción al Evangelio de Marcos que se hallará en la segunda sección, veremos que hay razones para creer que Juan Marcos recogió en el Evangelio que lleva su nombre las enseñanzas del apóstol Pedro. Constituye, pues, un ejemplo claro de cómo la enseñanza de un apóstol se cuaja en forma literaria por la ayuda de un discípulo y amanuense. Mateo y Juan redactan principalmente la sustancia de sus propios recuerdos, avivados éstos por el Espíritu Santo. Ya hemos visto que Lucas, no siendo testigo ocular de los hechos, se dedicó a una concienzuda labor de investigación, interrogando a testigos, y examinando escritos anteriores, llegando por estos medios a la cima de su hermosa obra; el auxilio del Espíritu Santo no sería menos necesario por tratarse de una labor de paciente investigación. Sus estrechas relaciones con Pablo prestarían autoridad apostólica a sus escritos (Lucas y Los Hechos).

Conclusión

EL TEMA CENTRAL de este libro ha sido presentar la doctrina bíblica de la deidad de Cristo. Como se ha subrayado varias veces, esta es una doctrina fundamental para el cristiano. El cristianismo es una fe trinitaria. Si Jesucristo no es Dios, entonces no habría un Dios Trino. Si Dios no existe en tres personas no puede haber cristianismo. De modo que si Jesucristo no es Dios el cristianismo sería una religión falsa.

Debe de subrayarse, sin embargo, que al enfatizar la doctrina de la deidad de Cristo no se pretende en modo alguno minimizar o pasar por alto Su humanidad. Que quede bien claro, pues, que Jesucristo es hombre perfecto, sin pecado. La Persona divina de Dios el Hijo tomó para Sí la naturaleza humana. Jesús es, por lo tanto, el Dios hombre o el Theanthropos.

Desde el momento de la encarnación y por toda la eternidad Jesús es el Dios hombre.

La humanidad de Cristo puede demostrarse bíblicamente, al igual que Su deidad, mediante examen de Sus nombres o títulos, Sus afirmaciones y Sus obras. De vital importancia es, además, el hecho de que las Escrituras específicamente subraya las características humanas de Jesús: 1) la profecía lo presenta como la simiente de la mujer (Gn. 3:15; Is. 7:14), 2) los evangelios afirman que tuvo un nacimiento humano (Lc. 1:30–38; 2:1–20, véase además Gá. 4:4); 3) Jesús tuvo una niñez humana (Lc. 2:40, 52); 4) experimentó toda clase de situaciones humanas (excepto el pecado): hambre (Mt. 4:2), cansancio (Jn. 4:6), sueño (Mt. 8:24), sed (Jn. 19:28), tentación (Mt. 4:1), dolor y sufrimiento (Is. 53:5), tristeza (Mt. 26:38), muerte (1.a Co. 15:3); y 5) Jesús se refirió a Sí mismo como hombre (Jn. 8:40; 1:30). Él se hizo hombre por toda la eternidad (Jn. 1:14; 1.a Ti. 2:5) y como hombre, juzgará a toda la humanidad.

Conclusion

Ahora bien, Jesús es una Persona divina y, como tal, es presentado por todos los escritores del Nuevo Testamento. Él es «nuestro gran Dios y Salvador Jesucristo» (Tit. 2:15), el «Autor de la vida» (Hch. 3:15), el Santo Hijo de Dios (Hch, 4:27, 13:35), Él es el Rey de reyes y el Señor de señores (Ap. 19:16). En resumen, la Palabra de Dios enseña, de manera equilibrada, tanto la deidad como la humanidad de Cristo. Ambas verdades deben de ser reconocidas, creídas y proclamadas por todo aquel que respete la autoridad de las Escrituras.

Tan peligroso y anti bíblico es negar la absoluta deidad de Cristo como negar Su perfecta humanidad. El exégeta fiel de las Escrituras procura siempre presentar ambas verdades equilibradamente. El único mediador entre Dios y los hombres es Jesucristo hombre (1.a Ti. 2:5). Pero el Jesucristo también es el verdadero Dios y la vida eterna (1.a Jn. 5:20). Jesucristo no es un hombre que evolucionó al nivel de Dios ni es un Dios imperfecto quien tuvo que humanarse para llegar a realización perfecta de Su existencia.

Jesucristo ha sido uno con el Padre y el Espíritu por toda la eternidad. El no dejó de ser Dios durante el tiempo de Su encarnación ni después de dicha experiencia. La encarnación de Dios sí es un misterio, pero jamás un mito. La iglesia cristiana, a lo largo de su historia, ha reconocido la importancia de dar igual énfasis tanto a la deidad como a la humanidad del Señor. Es más, en lo que respecta a la doctrina de la salvación, tan importante es la realidad de la deidad de Cristo como la de su humanidad. Es por ello que la iglesia ha defendido vehementemente ambas doctrinas.

En nuestros días, la batalla teológica tocante a la cuestión de «¿Quién es Jesucristo?» continúa con gran furor. Hoy, como en épocas pasadas, existen dos acercamientos a la cristología: 1) el racionalista, humanista o antisobrenaturalista, y 2) el bíblico exegético, histórico y sobrenaturalista. El primero se basa sobre la lógica humana, supuestos postulados científicos, conceptos racionalistas que afirman aceptar como real sólo lo que es científicamente verificable. El segundo grupo acepta la realidad de la revelación divina, acepta el método científico de investigación, pero sin hacer de la ciencia un dios. Afirma, además, que el Dios eterno se ha revelado en la Persona de Jesucristo. En fin, para el segundo grupo la fuente primordial de conocimiento es la Palabra de Dios.

Apéndices

Apéndice 1
Síntesis de las Principales Herejías Acerca de la Persona de Cristo

Grupo	*Siglo*	*Humanidad*	*Deidad*
Ebionitas	I	afirmada	negada
Docetas	II	negada	reducida
Arrianos	IV	reducida	mutilada
Apolinaristas	IV	reducida	afirmada
Nestorianos	V	afirmada	afirmada
Eutiquianos	V	reducida	reducida
Adopcionistas	VIII	afirmada	negada

Socinianos	XVI	afirmada	negada
Liberales	XVIII-XIX	afirmada	negada
Unitarios	XIX	afirmada	negada
Neo-ortodoxes	XX	afirmada	¿?
Liberalismo contemporáneo	XX	afirmada	negad

Apéndice 2
Los Siete Grandes Concilios

Concilio	*Fecha*	*Importancia*
NICEA I	325 d.C.	Declaró que el Hijo es de la misma sustancia que el Padre en oposición a Arrio, que consideraba al Hijo de sustancia distinta a la del Padre.

Cristología

CONSTANTINOPLA I	381 d.C.	Confirmó y formuló el llamado Credo de Nicea. Condenó la posición de Apolinar quien negaba la perfecta humanidad de Cristo. También condenó el macedonismo que negaba la deidad del Espíritu Santo.
EFESO	431 d.C.	Rechazó la posición de Nestorio porque amenazaba con separar la Persona de Cristo.
CALCEDONIA	451 d.C.	Culminó la controversia cristológica y formuló lo que ha sido considerado la doctrina ortodoxa de la relación entre las dos naturalezas de Cristo. Este concilio condenó el monofisitismo promovido por Eutiques.
CONSTANTINOPLA II	553 d.C.	Rechazó el punto de vista de los tres prominentes teólogos de Antioquía (y los

		famosos «tres capítulos») y de ese modo aprobó la interpretación que Cirilo había dado a las deliberaciones de Calcedonia.
CONSTANTINOPLA III	680–681 d.C.	Formuló la doctrina concerniente a las dos naturalezas de Cristo. La conclusión fue que Cristo tenía dos voluntades, existiendo una perfecta armonía entre ambas. Su voluntad humana estaba siempre en sujeción a Su voluntad divina.
NICEA II	787 d.C.	Declaró la legitimidad de la reverenciación de cuadros e imágenes representando realidades divinas.

Apéndice 3

Cristo=Dios

Cristo-Dios

Jesucristo es la imagen del Dios invisible. 2 Co. 4:4, Col. 1:15 y Jn. 14:9.

Jesucristo es la misma imagen de la sustancia de Dios. He. 1:3

Jesucristo es Dios manifestado la carne. 1 Ti. 3:16 y Jn. 1:1, 14.

Jesucristo es una misma cosa con Dios. Jn. 10:30; 12:44, 45; 14:7–9; 17:11, 22.

Jesucristo está en Dios, y Dios está en Cristo. Jn. 8:16; 10:38; 14:10, 11, 20; 17:21. 2 Co, 5:19.

En Jesucristo habita toda la plenitud de la divinidad corporalmente. Col. 2:9.

Dios manifestado la carne es el gran misterio de la piedad. 1 Ti. 3:16.

Títulos dados igualmente a Jesucristo y a Dios

Dios	*Jesucristo*
Dios.	
Dt. 4:39.	Is. 40:3
2 S. 7:22.	*con* Jn. 1:23
1 R. 8:60.	*y* Jn. 3:28.
2 R. 19:15.	Sal. 45:6, 7

1 Cr. 17:20.	*con* He. 1:8, 9.
Sal. 86:10.	Jn. 1:1.
Is. 45:6.	Ro. 9:5.
Is. 46:9.	Tit. 2:13.
Mr. 12:32.	1 Jn. 5:20.

Solo Dios verdadero.
Jn. 17:3,   1 Jn. 5:20.

Dios fuerte.
Neh. 9:32.   Is. 9:5.

Dios Salvador.
Is. 45:15, 21.   2 P. 1:1.

Lc. 1:47,   Tit. 2:13.

Tit. 3:4.   Jud. 25.

Jehová.
Ex. 3:15.   Is. 40:3

con Mt. 3:3

y Jn. 1:23.

Jehová de los ejércitos.
1. Cr. 17:24.   Sal.1 24:10.

Sal. 84:3.   Is. 6:1–5

Cristología

Is. 51:15.

Jer. 32:18.

Jer. 46:18.

El Señor.
Mt. 11:25.

Mt. 21:9.

Mt. 22:37.

Mr. 11:9.

Mr. 12:29.

Ro. 10:12.

Ap. 11:15.

Único Señor.
Mr. 12:29

con Dt. 6:4.

Jehová y Salvador. Señor y Salvador.
Is. 43:11.

Is. 60:16.

Os. 13:4.

Salvador.
Is. 43:3, 11.

con Jn. 12:41.

Is. 8:13.

Is. 54:5.

Lc. 2:11.

Jn. 20:28.

Hch. 10:36.

1 Co. 2:8.

1 Co. 8:6.

con Ef. 4:5.

1 Co. 12:3, 5.

Fil. 2:11.

1 Co. 8:6.

Ef. 4:5.

2 P. 1:11.

2 P. 2:20.

2 P. 3:18.

Lc. 1:69.

Is, 60:16.	Lc. 2:11.
1 Ti. 1:1.	Hch. 5:31.
1 Ti. 2:3.	Ef. 5:23.
Tit. 1:3.	Fil. 3:20.
Tit. 2:10.	2 Ti. 1:10.
Tit. 3:4.	Tit. 1:4.
Jud. 25.	Tit. 3:6.

Único Salvador.

Is. 43:11.	Hch. 4:12.
Os. 13:4	1 Ti. 2:5, 6.

Salvador de todos los hombres y del mundo.

1 Ti. 4:10.	1. Jn. 4:14.

El Santo de Israel.

Sal. 71:22.	Is. 41:14.
Sal. 89:18.	Is. 43:3.
Is. 1:4.	Is. 47:4.
Is. 45:11.	Is. 54:5.

Rey de los reyes, y Señor de los señores.

Dt. 10:17.	Ap. 17:14.
1 Ti. 6:15, 16.	Ap. 19:16.

Yo soy.
Ex. 3:14.   Jn. 8:58.

El Primero y el Último.
Is. 44:6.   Ap. 1:11, 17.

Is. 41:4.   Ap. 2:8.

Is. 48:12.   Ap. 22:13.

El Esposo de Israel y de la Iglesia.
Is. 54:5.   Jn. 3:29.

Is. 62:5.   2 Co. 11:2.

Jer. 3:14.   Ap. 19:7.

Os. 2:16.   Ap. 21:9.

El Pastor.
Sal. 23:1.   Jn. 10:11, 14.

     He. 13:20.

Jesucristo es llamado

El verdadero Dios, y la vida eterna. 1 Jn. 5:20.

Dios que solo tiene dominio, y Nuestro Señor. Ro. 9:5.

El gran Dios, y nuestro Salvador, Tit. 2:13.

El Señor. Mt. 3:3. Mr. 1:3. Lc. 1:76; 3:4. Le. 1:23; 13:13.

Señor y Dios. Jn. 20:28.

El Señor de todos. Hch. 10:36. Ro. 10:12.

El Señor (por David). Sal. 110:1 *con* Mt. 22:43–45. Mr. 12:38. Lc. 20:42–44. Hch. 2:34.

El Señor, Jehová, el Pastor. Is. 40: 10, 11 *con* He. 13:20.

El Rey de gloria, el Señor de gloria. Sal. 24:8, 10. 1 Co. 2:8. Stg. 2:1.

El Señor, el Ángel del pacto. Mal. 3:1 *con* Lc. 7:27.

Jehová el fuerte y valiente. Sal. 24:8.

Jehová, Justicia nuestra. Jer. 23 6 *con* 1 Co. 1:30.

Emanuel, con nosotros Dios. Is. 7:14 *con* Mt. 1:23.

El Santo de los santos. Dn. 9:24 *con* 1 S. 2:2.

El Alfa y la Omega, el Principio y el Fin. Ap. 1:8, 11, 17; 21:6; 22:13.

El príncipe de los reyes de la tierra. Ap. 1:5.

La, Palabra de Dios. Jn. 1:1. 1 Jn. 1:1; Ap. 19:13 *con* Gn. 3:8.

El Ángel de la faz de Jehová. Is. 63:9.

Perfecciones atribuidas igualmente a Jesucristo y a Dios

Dios	*Jesucristo*
Es Eterno.	
Dt. 33:27.	Dn. 7:14.
Sal. 90:2.	Mi. 5:2.

Cristología

Sal. 93:2.	Jn. 1:1.
Sal. 102:12.	Jn. 8:58.
Sal. 146:10.	Jn. 17:5, 24.
Is. 9:5.	Col. 1:17.
Is. 40:28.	He. 1:8
Dn. 4:34.	*con* Sal. 45:6.
Hab. 1:12.	He. 13:8.
Ro. 16:26.	Ap. 1:18.

Existe desde antes de la, constitución de todas las cosas.

Gn. 1:1, 2	Pr. 8:22–30.
Sal. 90:2.	Jn. 1:1, 2.
Pr. 8:22.	Jn. 17:5, 24.
Jn. 1:1.	Col. 1:17.

Es Inmutable.

Sal. 33:11.	Sal. 102:26, 27
Mal. 3:6.	*con* He. 1:11, 12
He. 6:17, 18.	12
Stg. 1:17.	Lc. 21:33.
	He. 13:8.

Es Todopoderoso.

Dt. 10:17.	Mt. 28:18.

Job 37:23.

Sal. 147:5.

Jer. 32:17.

Ro. 1:20.

Ef. 1:19.

Puede salvar.
Is. 43:11.

Is. 45:21.

Ro. 5:10.

2 Co. 13:4.

Stg. 4:12

Puede destruir.
Gn. 6:13, 17.

Sal. 94:23.

Mt. 10:28.

Lc. 12:5.

Stg. 4:12.

Es Inescrutable.
Job 11:7–9.

Ef. 1:21.

Ef. 3:21.

Col 2:10.

He. 1:3.

Ap. 3:7.

Is. 63:11.

Lc. 23:42, 43.

Jn. 10:9, 28.

He. 7:25.

Ap. 3:21.

Sal. 2:9, 12.

Is. 11:4.

1 Co. 15:24–26.

2 Ts. 1:7–9.

2 Ts. 2:8.

Pr. 30:4.

Mt. 11:27.

Cristología

Ro. 11:33, 34.

Es Omnipotente.
1 R. 8:27.

Sal. 139:1–13.

Pr. 15:3.

Jer. 23:23, 24.

Am 9:2, 3.

Es Omnisciente.
Sal. 139:1–6.

Pr. 15:11.

Ec. 12:16.

Dn. 2:22.

Hch. 15:18.

He. 4:13.

Escudriña y conoce los corazones.
1 R. 8:39.

1 Cr. 28:9.

1 Cr. 29:17.

Sal 7:9.

Sal. 44:21.

Sal 139:2, 4.

Lc. 10:22.

Mt. 18:20.

Mt. 28:20.

Jn. 1:43, 45.

Jn. 3:13.

Ef. 4:10.

Mt. 17:27.

Jn. 4:16–19, 29.

Jn. 16:30.

Jn. 21:6, 17.

Col. 2:3.

Ap. 2:19.

Mt. 9:2–4.

Mt. 12:25.

Mt. 16:7. 8.

Mr. 2:6–8.

Lc. 5:22.

Lc. 6:8.

Jer. 11:20.

Jer. 17:10.

Jer. 20:12.

Ez. 11:5.

Lc. 16:15.

Hch 15:8.

Sabe lo futuro.
Ex. 3:19.

Dt. 31:16.

Is. 42:9.

Is. 43:12.

Is. 44:7, 8.

Is. 45:21.

Is. 46:10.

Is. 48:3. 5.

Dn. 2:28, 29.

Ap. 22:6.

Es Bueno.
Mt. 19:17.

Mr. 10:18.

Lc. 9:47.

Jn. 2:24, 25.

Jn. 6:64, 70.

Jn. 21:17.

Hch. 1:24.

Ap. 2:23.

Mt. 16:21.

Mt. 24:3–33.

Mt. 26:2, 21.

Mr. 10:32–34.

Mr. 14:13, 16.

Lc. 19:41–44.

Lc. 21:7–36.

Jn. 6:64.

Jn. 13:1.

Jn. 18:4.

2 Co. 10:1.

Hch. 10:38.

Lc. 18:19.	Mt, 11:28.
El Santo.	
Lv. 19:2.	Dn. 9:24.
Lv. 20:26.	Hch. 3:14.
1 S. 2:2.	Hch. 4:27.
Sal. 99:9.	Ap. 3:7.
Ap. 4:8.	Ap. 15:4.
Es Verdadero.	
Ex. 34:6.	Jn. 1:14.
Dt. 32:4.	Jn. 14:6.
Jn. 7:28.	1 Jn. 5:20.
Jn. 17:3.	Ap. 3:7.
Es Justo.	
Sal. 7:9.	Sal. 45:7
Sal. 11:7.	*con* He. 1:9.
Sal. 48:10.	Is. 11:5.
Sal. 71:19.	Is. 32:1.
Sal. 89:14.	Jer. 23:5.
Sal. 97:2.	Hch 3:14.
Sal. 116:5.	Hch. 7:52.

Sal. 119:137.   Hch. 22:14.

                                 1Jn. 2:1.

Es la Vida.
Dt. 30:20.   Jn. 11:25.

Sal. 27:1.   Jn. 14:6.

Sal. 36:9.   Col. 3:4.

Por Él y para El son tocias las cosas.
Ro. 11:36.   1 Co. 8:6.

Es Todo en todos.
1 Co. 15:28.   Col. 3:11.

El Espíritu Santo es

El Espíritu de Dios   El Espíritu de Cristo

Ro. 8:14.   Hch. 16:6, 7.

1 Co. 2:11.   Ro. 8:9.

1 Co. 6:11.   Fil. 1:19.

Ef. 4:30.   Gá. 4:6.

1 P. 4:14.   1 P. 1:11.

Cristología

Obras y actos atribuidos igualmente a Jesucristo y a Dios

Dios	*Jesucristo*
Ha creado el mundo y todas las cosas visibles e invisibles.	
Neh. 9:6.	Sal. 33:6.
Sal. 146:6.	Jn. 1:3, 10.
Is. 44:24.	1 Co. 8:6.
Jer. 27:5.	Ef. 3:9.
Hch. 14:15.	Col. 1:16.
Hch. 17:24.	He. 1:2, 10.
Sostiene y conserva todas las cosas.	
Sal. 104:5–9.	Col. 1:17.
Jer. 5:22.	He. 1:3.
Jer. 31:35.	Jud. 1.
Obra todas las cosas en todos.	
1 Co. 12:6.	Col. 3:11.
Ef. 1:23.	Fil. 4:13.
Es el autor de la salvación.	
Gn. 49:18.	Hch. 4:12.
Sal. 3:8.	2 Ti. 2:10.
Jon. 2:10.	He. 2:1.0.

Is. 25:9.

Tit. 3:4.

Ap. 7:10.

Ha rescatado a su pueblo.
Sal. 31:5.

Is 43:1–4.

Is. 44:21–23.

Is. 63:16.

Hch. 20:28.

Ha resucitado a Cristo.
Hch. 2:24.

Ef. 1:20.

Resucita a los muertos.
Ro. 4:17.

1 Co. 6:14.

2 Co. 1:9.

2 Co. 4:14.

Comunica el poder de hacer milagros.
Ex. 4:21.

Dt. 6:22.

He. 5:9.

Ap, 7:10.

Ef. 1:7.

Col. 1:14.

He. 9:12. 15.

1 P. 1:18, 19.

Ap. 5:9.

Jn. 2:19.

Jn. 10:18.

Jn. 5:21, 28, 29.

Jn. 6:39, 40, 44, 54.

Jn. 11:25.

Fil. 3:20, 21.

Mt. 10:1, 8.

Mr. 3:14, 15.

Mt. 9:8.

Jn. 3:2.

Hch. 10:38.

Hch. 15:12.

Hch. 19:11.

He. 2:4.

Mr. 6:7.

Lc. 9:1.

Lc. 10:19.

Hch. 9:34.

Hch. 14:3.

1 Co. 5:4.

Es el Autor de la vida espiritual
Is. 38:16.

Ef. 2:5.

Col. 2:13.

Jn. 1:4.

Jn. 6:57.

Gá. 2:20.

Es el Autor de la regeneración.
1 Jn. 5:18.

1 Jn. 2:29.

Apéndice 4

ANTROPOLOGÍA Y CRISTOLOGÍA

1. Jesucristo, modelo de hombre

Nada mejor que la lectura atenta de Heb. 2:5ss. para percatarnos de que Jesucristo es el Hombre con mayúscula, el hombre ideal, contrapartida del Adán caído. Citando el salmo 8:4-6, el autor sagrado nos presenta al hombre conforme salió de las manos del Creador: inferior a los ángeles por naturaleza, fue coronado de gloria, al estar destinado a sojuzgar la tierra y señorear sobre el Universo creado, como un virrey (V. Gén. 1:28). Por el pecado, el hombre quedó alienado, un ser extraño en un clima que ya no era el que le pertenecía; por su causa, la tierra fue maldita y se le tornó hosca e inhóspita. Esta condición no cambia durante esta vida, aunque el pecador se convierta a Dios, puesto que aguardamos todavía la redención de nuestro cuerpo. La creación entera gime con dolores de parto, esperando la manifestación gloriosa de los hijos de Dios (V. Rom. 8:19-24).

Es dentro de esta perspectiva, y en contraste con el versículo anterior, donde Heb. 2:9ss. sitúa la condición gloriosa y la obra perfecta de Jesucristo. Jesús es el «Postrer Adán», no el segundo de una serie, sino la réplica, única y final, del «Primer Adán» (1 Cor. 15:45). En el primero recibimos la muerte; en el segundo, la vida (vers. 22). Por eso, *«así como hemos traído la imagen del terrenal, traeremos también la imagen del celestial»* (vers. 49). Aquel que es *«el reflector de la gloria del Padre y la perfecta imagen acuñada de su persona»* (Heb. 1:3), tomó la forma de siervo, hecho hombre a semejanza de nosotros (Flp. 2:7-8; Heb. 2:11-17), para que, gracias al derramamiento de su sangre en el Calvario, nosotros pudiésemos llegar a ser *«partícipes de la naturaleza divina»* (2 Ped. 1:4), ya que fuimos predestinados a ser hechos *«conformes a la imagen de su Hijo, para que él sea el primogénito entre muchos hermanos»* (Rom. 8:29). Nuestro parecido con el Hijo del Hombre será manifiesto cuando le veremos *«tal como él es»* (1 Jn. 3:2). En esta gloria radica nuestro privilegio de creyentes, pero también nuestra responsabilidad. Comentando 2 Ped. 1:4, dice León I, obispo de Roma: «Date cuenta, oh cristiano, de tu dignidad; y, puesto que has sido hecho partícipe de la naturaleza divina, no vuelvas, con una conducta indigna de tu rango, a la vileza de tu condición anterior.»[1]

2. Al hombre se le entiende a partir de Jesucristo

Durante muchos siglos se ha pensado que el método correcto de estudiar a Cristo como hombre era analizar la naturaleza humana «íntegra» y atribuir a Jesucristo todas las cualidades que pertenecen a un ser humano, excepto el pecado. Sin embargo, este método adolece del grave defecto de falsa inducción, ya que, a partir del hombre actual, caído de su condición original, no podemos barruntar el talante existencial de un ser humano totalmente inocente, *«que no conoció pecado»* (2 Cor. 5:21, comp. con Jn. 8:46). El método correcto procede, pues, a la inversa: investigar, a través de la Palabra de Dios, el comportamiento de Jesucristo como Hombre con mayúscula, el *hombre* por excelencia, y ver en todo ser humano una imagen de Cristo, deteriorada tempranamente por el pecado original, pero rescatada por la obra de la Cruz, para que, mediante la recepción del *Verbo de vida* (1 Jn. 1:1) y del poder del Espíritu, el hombre pueda recuperar su primitiva grandeza.

Además, es Jesucristo el perfecto y definitivo revelador de los misterios de Dios (Heb. 1:1). Por tanto, nos revela también, de parte de Dios, el misterio del hombre. Del hombre que, como todas las cosas, fue creado por medio del Verbo (Jn. 1:3; Col. 1:16), y que, a diferencia de todas las demás cosas, fue hecho a imagen y semejanza del Dios Trino o tripersonal. Como ser personal, capaz de pensar y de expresar en palabras sus conceptos, el hombre es imagen del Verbo de Dios, de la Palabra personal en la que Dios expresa, desde la eternidad, cuanto Él es, cuanto sabe, cuanto quiere y cuanto hace (Jn. 1:18; 14:6; Col. 2:9).

3. Jesucristo Hombre, la respuesta a los problemas del hombre

Por el pecado se ha producido una tremenda distancia moral entre el hombre pecador y el Dios tres veces santo, es decir, santísimo. Dios

---

[1] V. Rouet de Journel, *Enchiridion Patristicum*, n. 2193.

siempre permanece el mismo, pero nuestras iniquidades han cavado un foso que ningún ser creado puede rellenar: «*He aquí que no se ha acortado la mano de Jehová para salvar, ni se ha agravado su oído para oír; pero vuestras iniquidades han hecho división entre vosotros y vuestro Dios, y vuestros pecados han hecho ocultar de vosotros su rostro para no oír*» (Is. 59:1–2). En vano nos habríamos esforzado, con obras buenas, con méritos, con súplicas, con lágrimas o con sacrificios, por tender un puente que nos recondujese al Dios ofendido. Nuestros gritos de angustia habrían resonado en el vacío. Fue Dios quien tendió ese *puente*, enviando a su único Hijo al mundo para hacerse hombre y morir en la Cruz por nuestros pecados, para ser nuestro «pontífice» (el que hace de puente), nuestro Mediador y nuestro sustituto (Jn. 3:16; 2 Cor. 5:21; 1 Tim. 2:5; Heb. 2:10, 14–15; 5:5–10; 7:21–28; 9:28; 10:12, etc.).

La provisión del pacto de gracia en favor de los hombres perdidos pasa por el Calvario. En Cristo se opera allí nuestra reconciliación con Dios (2 Cor. 5:19) y, satisfecha la santidad de Dios, su amor puede ya derramarse desbordante sobre nuestros corazones (Rom. 5:5).[2] Ahora bien, la obra de nuestra salvación afecta al hombre entero, porque comporta la liberación de todas las esclavitudes del ser humano (Is. 61:1–5). De ahí que Jesús, y su Evangelio, sean la única solución satisfactoria para todos los problemas del hombre.

El ser humano que ha sido regenerado «por la Palabra y por el Espíritu» (V. Jn. 3:5, a la luz de 1 Ped. 1:23), puede hacer de su vida entera un himno de alabanza a su Padre de los Cielos, porque la Palabra de Dios no es una tesis fría, sino un cantar vibrante y cálido, ya que alberga en su interior el Amor, el Espíritu. Con el fruto del Espíritu por experiencia dichosa (Gál. 5:22–23), y con los dones del Espíritu (Is. 11:1–2; 1 Cor. 12:4ss.) por arpa,[3] el creyente puede hacer de su vida entera un sacrificio

---

[2] V. L. Berkhof, *Systematic Theology*, p. 305; A. M. Javierre, *Cinco días de meditación en el Vaticano* (Madrid, PPC, 1974), pp. 144–158.

[3] A. M. Javierre (*o. c.*, p. 157) cita de Philippon: «A los grandes artistas de la música les bastan siete notas para desplegar todas las creaciones de su genio; siete dones consienten que el Espíritu Santo haga vibrar todas las riquezas de un alma divinizada por la gracia o por la gloria, con tal de que se mantenga dócil en manos del Artista creador.» (V. también la cita de L. M. Martínez en p. 192, nota 15, del mismo libro.)

vivo (Rom. 12:1), de sus labios un manantial de alabanza (Heb. 13:15) y de sus manos un vehículo de beneficencia (Heb. 13:16).

4. La miseria sirve de escabel a la misericordia

Solemos decir (sobre todo a partir de la expresión acuñada por O. Cullmann) que la Biblia es, antes que nada, una *Historia de la Salvación*. Pero la salvación presupone en el hombre un estado anterior de *perdición*. Por el pecado, el ser humano se había perdido y se había echado a perder.[4] Había descendido del nivel de amigo e hijo de Dios, al de enemigo de Dios y esclavo del pecado y del demonio. Cuando éramos enemigos de Dios y no le amábamos, la infinita misericordia de Dios se apiadó de la profunda miseria del hombre: «*Dios muestra su amor para con nosotros, en que siendo aún pecadores, Cristo murió por nosotros* (Rom. 5:8). «*En esto consiste el amor: no en que nosotros hayamos amado a Dios, sino en que él nos amó a nosotros, y envió a su Hijo en propiciación por nuestros pecados*» (1 Jn. 4:10). Ya podemos repetir en primera persona lo que los ángeles anunciaron, en segunda, a los pastores de Belén: «*Nos ha nacido un Salvador, que es Cristo el Señor*» (Lc. 2:11). Efectivamente, fue llamado *Jesús* («Yahveh salvará») «*porque él salvará a su pueblo de sus pecados*» (Mt. 1:21). «*Porque el Hijo del Hombre vino a buscar y a salvar lo que se había perdido*» (Lc. 19:10).

Por medio de Jesús tenemos el perdón del pecado, la liberación de la esclavitud, la posesión de la vida eterna y la participación de la divina naturaleza.[5] La liturgia romana de la vigilia pascual llega a cantar: «¡Oh, feliz culpa, que mereció tener tal Redentor!» Quizás el arrebato poético llevase al autor del magnífico himno a una expresión de dudosa ortodoxia teológica, pero el pensamiento que quiso manifestar se clarifica cuando nos percatamos de que Dios, al no impedir el pecado original, tenía en sus ocultos designios el maravilloso plan de revelar un atributo suyo, la *misericordia*, que hubiese pasado desapercibido sin la miseria, a la vez que proyectaba el envío de un Redentor, que de otro modo hubiese

---

[4] V. mi libro *Ética Cristiana* (Terrassa, CLIE, 1975), p. 129.

[5] V. L. S. Chafer, *Teología Sistemática*, I (Dalton, Georgia, 1974), pp. 813–820.

quedado sin encarnar,[6] y la elevación de sus elegidos a la categoría, no sólo de hijos suyos, sino de *hijos en el Hijo*, pámpanos de una misma cepa con él, miembros de su Cuerpo, y piedras vivas de su Templo.

CUESTIONARIO:

1. ¿Cuál es la clave para interpretar el misterio del hombre?

2. ¿Cuál es el objetivo de nuestra predestinación, según Rom. 8:29?

3. ¿Cuál es el método correcto de enfocar la antropología?

4. ¿Qué papel ha correspondido al Hijo de Dios en la creación del hombre?

5. ¿Qué es lo que ha hecho necesaria la Encarnación del Hijo de Dios?

6. ¿Por qué es necesaria la intervención de Cristo para que obtengamos la gracia?

7. ¿Qué implica la palabra salvación *respecto de nuestro estado de hombres caídos?*

8. ¿Cómo da Jesucristo solución a los más importantes problemas humanos?

9. ¿Qué atributo divino no se hubiese manifestado a no ser por nuestra miseria espiritual?

10. ¿Qué versículo del Nuevo Testamento compendia mejor el objetivo de la Primera Venida de Cristo?

---

[6] V. la lección 20.ª del presente volumen.

LA PLENITUD DE LOS TIEMPOS

1. El Cordero, predestinado desde la eternidad

Siendo eternos los designios de Dios, es obvio que tanto la Encarnación del Verbo como la Redención de la humanidad por medio de la muerte en Cruz de nuestro Señor Jesucristo estaban ya programadas desde la eternidad, juntamente con la creación de la raza humana y la permisión de la caída original. A esto apunta la frase «antes de la fundación del mundo», que se repite en textos como los siguientes: «*según nos escogió en él* (Cristo) ANTES DE LA FUNDACIÓN DEL MUNDO» (Ef. 1:4); «*sabiendo que fuisteis rescatados… con la sangre preciosa de Cristo… ya destinado DESDE ANTES DE LA FUNDACIÓN DEL MUNDO*» (1 Ped. 1:18–20). Apocalipsis 13:8 parece dar la impresión de que Cristo, no sólo fue predestinado desde la eternidad a ser inmolado, sino que, de alguna manera, ya fue inmolado desde antes de la fundación del mundo. Si se compara este versículo con Apoc. 17:8, se verá que se trata de una trasposición, frecuente en latín y en griego, pues la verdadera lectura debería ser la siguiente: «*Y la adoraron todos los moradores de la tierra cuyos nombres no estaban escritos, desde el principio del mundo, en el libro de la vida del Cordero que fue inmolado.*»

2. ¿Por qné se hizo esperar tanto la Redención?

Génesis 3 no muestra, pero insinúa, que la tentación y la caída no se hicieron esperar; sin duda, el demonio tenía mucha prisa por hacer caer a nuestros primeros padres *antes de que tuviesen descendencia*, para poder así contaminar a toda la raza humana. Por el contrario, la Redención del género humano se hizo esperar durante muchos siglos. ¿Por qué fue así? A. Strong[7] apunta dos razones: *a)* para mostrar la verdadera malicia del pecado y la profunda depravación que la caída original causó en nuestra raza; *b)* para poner bien en claro la incapacidad en que el ser humano quedó para preservar, o recuperar por sí mismo, un correcto conocimiento de Dios y un comportamiento moralmente honesto.

---

[7] En su *Systematic Theology*, p. 665.

Ello no significa que Dios dejase a los hombres sin testimonio de su poder y de su deidad. En Jn. 1:9-10 vemos que el Verbo vino a iluminar a todo hombre, aunque el mundo no le conoció. Pablo dejó bien claro, ante los habitantes paganos de Listra, que el Dios vivo «*no se dejó a sí mismo sin testimonio, haciendo bien, dándonos lluvias del cielo y tiempos fructíferos, llenando de sustento y de alegría nuestros corazones*» (Hech. 14:17). Y, escribiendo a los fieles de Roma, dice que «*no tienen excusa*» cuantos detienen con injusticia la verdad, «*porque lo que de Dios se conoce, les es manifiesto, pues Dios se lo manifestó*» (Rom. 1:18-20).

Por otra parte, inmediatamente después de la caída, vino la primera promesa de un Redentor, de modo que, por fe *en el que había de venir*, se pudiese alcanzar buen testimonio delante de Dios y de los hombres (V. Heb. 11:39).

3. Las profecías mesiánicas

Puesto que la Biblia es una Historia de la Salvación que había de ser plenamente realizada en Jesucristo y por medio de él, ya el Antiguo Testamento va anunciando poco a poco al Mesías, Salvador de su pueblo, y aun *de los que estaban lejos*. En Gén. 3:15 se profetiza que un descendiente de la mujer (comp. con Gál. 4:4: «*nacido de mujer*») *herirá en la cabeza* a la serpiente, es decir, destruirá el imperio del demonio, a costa de sufrir él mismo una herida en el talón, es decir, en la parte vulnerable de su Persona. En Gén. 12:3, Dios revela a su escogido Abram que «*serán benditas en ti todas las familias de la tierra*». Esta promesa fue hecha a Abraham a causa de su *simiente* o descendencia (vers. 7, comp. con Gál. 3:8, 16), de manera que, de algún modo, pudo ver «el día» de Cristo (V. Jn. 8:56). En Gén. 49:10, Jacob profetiza que «*no será quitado el cetro de Judá, ni el legislador de entre sus pies, hasta que venga SILOH,*[8] *y a él se congregarán los pueblos*» (comp. con Jn. 12:32). En Núm. 24:17, Balaam se ve forzado a profetizar que, en un futuro no cercano, «*saldrá ESTRELLA de Jacob, y se levantará cetro de Israel*». Como advierte en nota a este versículo la *Biblia de Jerusalén*, «en el oriente antiguo, la estrella es el signo de un

---

[8] O «hasta que venga aquel a quien está reservado» (el cetro). En todo caso, se trata de un anuncio mesiánico.

dios; de ahí pasó a ser signo de un rey divinizado». Si comparamos este texto con Apoc. 22:16: «Yo Jesús... *soy la raíz y el linaje de David, la estrella resplandeciente de* la *mañana*», entenderemos mejor por qué los magos de oriente fueron atraídos por la estrella de Jesús y vinieron a ofrecerle presentes que correspondían a un Dios y a un rey (V. Mt. 2:1, 11).

Si de la Ley pasamos a los Escritos y a los Profetas, vemos que los salmos 2, 22, 45 y 110 tienen un sentido claramente mesiánico, como puede verse por las referencias que a ellos hace el Nuevo Testamento. El salmo 2 anuncia el reinado del Mesías; el 22, sus padecimientos y su liberación; el 45, su fiesta nupcial; y el 110, su eterno sacerdocio, que es un sacerdocio regio (comp. con 1 Ped. 2:9). Isaías 7:14 profetiza su nacimiento y su nombre «Immanuel» («Dios con nosotros»); 9:6, sus títulos mesiánicos; 11:1-5, la plenitud de los dones del Espíritu Santo sobre él, para que gobierne con toda justicia; todo el 53 anuncia la obra sustitutoria del Calvario; 61:1-3, la proclamación de su Buena Nueva liberadora. Jeremías 23:5-6; 33:14-17 nos hablan del Rey-Mesías, descendiente y sucesor de David, bajo cuyo reinado se hará plena justicia, «*será salvo Judá, e Israel habitará confiado*».[9] Daniel 7:13 profetiza acerca del «*Hijo del Hombre*, y, en 9:24-27, profiere la famosa profecía de las 70 semanas, dentro de las cuales «*se quitará la vida al Mesías, mas no por sí*» (vers. 26). En Hag. 2:7 se anuncia que el nuevo templo se llenará de gloria cuando venga «*el Deseado de todas las naciones*». A Zacarías le es revelado que el verdadero rey de Jerusalén vendrá a ella, «*justo y salvador, humilde, y cabalgando sobre un asno*», conforme refieren Mt. 21:5; Jn. 12:15. Y Malaquías, el que cierra la cuenta de los profetas del Antiguo Testamento, predice la aparición del Precursor y del propio Mesías: «*He aquí, yo envío mi mensajero, el cual preparará el camino delante de mí; y vendrá súbitamente a su templo el Señor a quien vosotros buscáis, y el ángel del pacto, a quien deseáis vosotros*» Mal. 3:1).

Cuando se comparan todas estas profecías del Antiguo Testamento acerca del Mesías, con el cumplimiento que de tales profecías nos ofrece el Nuevo Testamento, vemos el acierto de Agustín de Hipona al decir: «El Antiguo Testamento está patente en el Nuevo; y el Nuevo Testa-

---

[9] Los rabinos judíos admiten el carácter mesiánico de estos textos de Jeremías. (V. Rabbi Dr. H. Freedman, *Jeremiah* —London, The Soncino Press, 1970.)

mento está latente en el Antiguo.» El mismo Jesucristo apela a las Escrituras del Antiguo Testamento como prueba fehaciente de lo que en él se había cumplido (V. Lc. 24:25-27, 44-46; Jn. 5:39ss.). Y los judíos de Berea son alabados como *«más nobles que los que estaban en Tesalónica, pues recibieron la palabra* (predicada por Pablo y Silas) *con toda solicitud, escudriñando cada día las Escrituras para ver* si *estas cosas eran así»* (Hech. 17:11, comp. con 2 Ped. 1:18, 19). Nuestra fe cristiana nos obliga, pues, a defender la unidad de la Biblia y, en concreto, el valor del Antiguo Testamento, contra Marción y Harnack y algunos cristianos mal informados. Berkouwer ve en el antisemitismo la causa principal de este desprecio del Antiguo Testamento.[10] A ello coadyuva un estudio superficial de la Biblia.

Aunque no estemos enteramente de acuerdo con Lutero cuando decía que Jesucristo estaba contenido en cada detalle del Antiguo Testamento, lo mismo que del Nuevo, sí podemos afirmar que Jesucristo es el hilo conductor de toda la Biblia, algo así como la clave que nos permite descifrar un enigma o recomponer un rompecabezas.

4. Los tipos mesiánicos

Comparables a las profecías son los tipos mesiánicos. Se da el nombre de *tipo*, en Sagrada Escritura, a todo personaje, acontecimiento o institución del Antiguo Testamento que prefiguraba alguna otra realidad del Nuevo.

Entre otros tipos, o figuras simbólicas, de Jesucristo, encontramos en el Antiguo Testamento los siguientes:

A) *Adán*, primera cabeza física y representativa de la humanidad, figura de Jesucristo, «*Postrer Adán*» (1 Cor. 15:45). En Rom. 5:12ss. vemos el contraste entre los males producidos en la raza humana por el pecado de Adán, y los bienes producidos por la justicia y la obediencia de Cristo.

B) *Melquisedec*, que significa «rey de justicia» en Salem, «ciudad de paz», que aparece «*sin padre, sin madre, sin genealogía; que ni tiene principio de días, ni fin de vida, sino hecho semejante al Hijo de Dios, permanece sacerdote para siempre»* (Heb. 7:3, comp. con vers. 24, a la luz de Sal. 110:4; Heb. 7:17).

---

[10] En *The Person of Christ*, 113.

C) *José*, vendido por sus hermanos, y salvador, después, de toda su familia, a la que mantuvo con el trigo almacenado por su previsión. Jesucristo murió por nuestros pecados, y era «*el pan vivo que descendió del cielo*» (Jn. 6:51).

D) *Moisés*, conductor del pueblo de Israel a través del desierto, después de salir de Egipto llevando «*el vituperio de Cristo*» (Heb. 11:26), es figura del Señor, que nos libera del cautiverio del pecado, nos pasa a través del Mar Rojo de su sangre y nos conduce por el desierto de esta vida hacia la verdadera «Tierra Prometida». Por eso leemos en Heb. 13:13–14: «*Salgamos, pues, a él, fuera del campamento, llevando su vituperio* (comp. con 12:2); *porque no tenemos aquí ciudad permanente, sino que buscamos la por venir.*»

E) *Josué*, equivalente a Jehosuah = Jesús, a quien Moisés cambió el nombre, pues se llamaba Oseas («Dios salvó»), para que significase «Dios salvará» (V. Núm. 13:16, a la vista de Éx. 17:9ss.). Él introdujo al pueblo de Israel en la Tierra Prometida. Jesús es nuestro verdadero Salvador, que nos da acceso a la presencia del Padre (Ef. 2:5–6, a la vista de Heb. 4:14–16; 10:19–22).

F) *David*, rey de Israel «según el corazón de Dios», primer rey de la tribu de Judá, del que Jesús había de ser «renuevo» y anticipo (V. Jer. 23:5; 33:15, a la luz de Apoc. 7:17; Ez. 34:23; Os. 3:5; Lc. 1:32; Apoc. 5:5; 22:16).

G) *Jonás*, según la analogía propuesta por el propio Jesucristo (Mt. 12:40–41, a la luz de Jon. 1:17; 3:5).

H) *El sacrificio de Isaac* es figura del sacrificio de Jesucristo, en la forma que se nos expone en Heb. 11:17–19, a la luz de Gén. 22:1–13, donde el carnero sustituyó a Isaac. Jesús fue llevado por el Padre (V. Hch. 2:23) al Monte Calvario, figurado por el Monte Moriah (la raíz hebrea indica «amargura») y donde Jesús fue atado, clavado, al «leño», para que sobre él descargase el cuchillo de la ira de Dios.

I) *La serpiente levantada en el desierto* (Núm. 21:6–9), figura de Jesús en la Cruz, levantado en ella para salvación de cuantos vuelvan con fe sus ojos hacia él (V. Jn. 3:14–16).

J) En fin, *todos los sacrificios del Antiguo Testamento*, empezando por los de los animales con cuyas pieles vistió Dios a nuestros primeros padres

(Gén. 3:21), eran figura del sacrificio de Cristo, como explica el capítulo 9 de *Hebreos*.[11]

5. "El ángel de Jehová"

Otra señalada figura profética de Jesucristo, como el gran «Enviado del Padre», según aparece en los Evangelios y en Heb. 1:1, es la designada en el Antiguo Testamento como «el ángel de Jehová». Este título aparece con frecuencia, como puede comprobarse consultando una buena Concordancia. No es seguro que siempre haya de referirse al futuro Mesías. La primera referencia se halla en Gén. 16:7ss.; precisamente el vers. 11 emplea una fraseología muy semejante a la del ángel Gabriel en Lc. 1:31. Parecidas referencias se hallan en Gén. 18:2ss. (nótese el vers. 13); 19:1ss., etc.

Pero hay tres referencias que manifiestan, mediante dicha expresión, una persona divina, distinta del Padre, y que no puede ser otra que el Hijo, nuestro Mediador. La primera la encontramos en Gén. 32:24–30, en que Jacob lucha con un ángel que bendice (vers. 26), que es Dios (vers. 28, 30), y cuyo nombre es inefable (vers. 29). La segunda es Éx. 3:2ss., en que «*el Ángel de Jehová*» (vers. 2) manifiesta al Dios inefable (vers. 4–15). La tercera y más notable se halla en Zac. 3, capítulo lleno de simbolismo (V. vers. 8). El ángel de Jehová se comporta allí de acuerdo con lo que 1 Jn. 2:1 y 2 nos dice de Jesucristo. Lo más curioso es que el vers. 2 comienza diciendo: «*Y dijo Jehová a Satanás: Jehová te reprenda...*» Esta especie de desdoblamiento de Jehová nos indica dos personas distintas que tienen una misma naturaleza (comp. con Jn. 10:30). El tema de la justificación por la fe está bien dramatizado en todo el capítulo, especialmente en los versículos 2 al 5. (V. también Jue. 13, especialmente vers. 18, 20).

---

[11] Puede verse una detallada exposición en las notas de la *Biblia Anotada de Scofield* a los ocho primeros capítulos del Levítico. Queda a juicio del lector el estar de acuerdo con cada una de las analogías allí expresadas. En todo caso, resulta muy instructivo. Para un estudio más amplio de los tipos mesiánicos, véase L. S. Chafer, *o. c.*, I, pp. 930–941.

Otra referencia que se presta a una profunda meditación sobre lo que el Verbo de Dios hecho hombre es como Revelador del Padre y Sustituto nuestro, es «*las espaldas de Dios*», a través de tres textos clave sacados del Antiguo Testamento. El primero se encuentra en Éx. 33:23, donde las *espaldas* simbolizan la *parte visible* de Dios (comp. con Jn. 14:9), del Jehová «*que habita en luz inaccesible; a quien ninguno de los hombres ha visto ni puede ver*» (1 Tim. 6:16). El segundo es Is. 38:17, en que Ezequías escribe acerca de la salvación que Jehová le ha proporcionado: «*porque echaste tras tus espaldas todos mis pecados*». Bella expresión para dar a entender la magnitud del perdón otorgado por un Dios inmenso e inmensamente misericordioso, que renuncia a tener *delante de su rostro* los pecados del creyente arrepentido. Isaías 53:6 viene a decirnos que sobre esas *espaldas* «*Jehová cargó el pecado de todos nosotros*».

6. El clímax de la Historia

Desde el llamamiento de Abraham (Gén. 12:1), Dios se escogió un pueblo, al que reveló sus oráculos, y del que había de nacer el Salvador (Jn. 4:22; Rom. 3:2; 9:4–5). A pesar de las continuas rebeldías de este pueblo (V. Hech. 7:51), Dios lo liberó de sus enemigos, lo cuidó con esmero y se desposó con él (V. Is. 5:1–7; 54:5; Ez. 15:1–8; 16:1ss.; Oseas). Israel persistió en su rebeldía y se prostituyó yendo tras dioses ajenos.

El destierro de Babilonia tuvo dos efectos principales: el fortalecimiento del monoteísmo, hasta el extremo de parecerles blasfemia la igualdad con el Padre que Cristo proclamará de sí mismo (V. Mt. 26:65; Jn. 5:18; 10:33); y la transformación de los judíos agrícolas en un pueblo de comerciantes.[12]

Con todo, el pueblo judío en masa, excepto un pequeño «remanente», se había formado un falso concepto del futuro Mesías. En vez de considerarlo, ante todo, como el liberador del pecado, pensaba en él como liberador del yugo extranjero (V. Jn. 6:14–15). Al obrar como Is. 61:1ss. lo había profetizado, Jesús se concitó la oposición cerrada de los dirigentes de Jerusalén, hasta llegar a ser condenado a muerte en el

---

[12] V. Strong, *o. c.*, p. 668.

tribunal religioso y en el político, y ser tenido por loco en el cultural y mundano.

Pero una cosa era cierta: Con la Encarnación del Verbo había llegado «la plenitud de los tiempos» (V. Mc. 1:15; Gál. 4:4), y la Primera Venida de Cristo marcaría el clímax de las edades, dividiendo en dos partes la Historia (antes y después de Cristo) y la Geografía (a la derecha o a la izquierda de Cristo). Como él mismo dijo: «*Y yo, si fuere levantado de la tierra, a todos atraeré a mí mismo. Y decía esto dando a entender de qué muerte iba a morir*» (Jn. 12:32). La Cruz se convierte en el eje sobre el que el Universo gira.

CUESTIONARIO:

1. Cítese algún texto bíblico sobre la predestinación eterna de Jesucristo.

2. ¿Cuál es el verdadero sentido de Apoc. 13:8?

3. ¿No hubiera sido una señal de mayor misericordia por parte de Dios redimir en seguida al hombre caído?

4. ¿Por qué no constituye excusa para el pecador el estado miserable en que se encuentra?

5. Explique dónde se halla y qué sentido tiene la primera profecía del Redentor.

6. ¿Cómo prueba Hech. 17:11 la unidad de la Biblia?

7. ¿En qué se parece Zac. 3:2 a 1 Jn. 2:1?

8. ¿Qué texto del Nuevo Testamento aplica a Cristo la figura de la serpiente de bronce?

9. ¿Qué texto de Isaías se parece mucho a Ef. 5:23?

10. ¿Qué indica la frase «el cumplimiento del tiempo» de Gál. 4:4?[1]

---

[1] Lacueva, F. (1979). *La Persona y la Obra de Jesucristo* (Vol. IV, pp. 21–36). Viladecavalls, Barcelona: CLIE.

BIBLIOGRAFÍA

LIBROS

Aquino, Tomás: *Suma Teológica* (Tomo II–III), Madrid: Biblioteca de Autores Cristianos, 1959.
Bainton, Roland H.: *The Reformation of the Sixteenth Century*. Boston: The Beacon Press, 1963.
Berkhof, Louis: *The History of Christian Doctrine*. Londres: The Banner of Truth, 1969.
—: *Teología Sistemática*. Grand Rapids: T. E. L. L., 1976.
Berkouwer, G. C.: *The Person of Christ*. Grand Rapids: William B. Eerdmans Publishing Company, 1973.
Boer, Harry R.: *A Short History of the Early Church*. Grand Rapids: William B. Eerdmans Publishing Company, 1976.
Brown, Colin: *Karl Barth and the Christian Message*. North Wells, Ill.: Inter Varsity, 1967.
—: *Philosophy and the Christian Faith*. Londres: Tyndale, 1969.
—: (ed.) *The New International Dictionary of New Testament Theology* (3 vol.). Grand Rapids: Zondervan Publishing House, 1975–1978.
Cairns, Earle E.: *Christianity Through the Centuries*. Grand Rapids: Zondervan Publishing House, 1958.
Calvino, Juan: *Institución de la Religión Cristiana*. Traducido y publicado por Cipriano de Valera (1597); reeditada por Luis de Usoz y Río (1858); nueva edición revisada (1967) (vol. I), Holanda: Fundación Editorial de Literatura Reformada, 1968.
Cousins, E. H. (ed.): *Process Theology*. Nueva York: Newman Press, 1971.
Clark, Gordon H.: *Karl Barth's Theological Method*. Grand Rapids: Baker Book House, 1963.
Conn, Harvie M.: *Teología Contemporánea en el Mundo*. Grand Rapids: Subcomisión de Literatura Cristiana (s. f.).
Cullmann, Oscar: *Cristología del Nuevo Testamento*. Buenos Aires: Methopress, 1965.
Dana, H. E. y Mantey, J. R.: *Gramática Griega del Nuevo Testamento*. El Paso: Casa Bautista de Publicaciones, 1979.
Dillenberger, John y Welch, Claude: *Protestant Christianity*. Nueva York: Charles Scribner's Sons, 1954.
Gonzaga, Javier: *Concilios* (2 tomos). Grand Rapids: International Publications, 1965.

González, Justo L.: *Historia del Pensamiento Cristiano* (2 tomos). Buenos Aires: Methopress, 1965.
Gutiérrez Marín, Manuel: *Enrique Bullinger: La Segunda Confesión Helvética*. Barcelona: Producciones Editoriales del Nordeste, 1978.
Heick, Otto W.: *A History of Christian Thought*, vol. I. Filadelfia: Fortress Press, 1976.
Kasper, Walter: *Jesús el Cristo*. Salamanca: Sígueme, 1979.
Kittel, Gerhard (ed.): *Theological Dictionary of the New Testament*, vol. IV. Grand Rapids: William B. Eerdmans Publishing Company, 1967.
Klotsche, E. H.: *The History of Christian Doctrine*. Grand Rapids: Baker Book House, 1979.
Kümmel, Wern G.: *The New Testament: The History of the Investigation of its Problems*. Nashville: Abingdon Press, 1972.
Kung, Hans: *Ser Cristiano*. Madrid: Ediciones Cristiandad, 1977.
Lacueva, Francisco: *La Persona y la Obra de Jesucristo*. Terrassa: CLIE, 1979.
Ladd, George E.: *A Theology of the New Testament*. Grand Rapids: William B. Eerdmans Publishing Company, 1974.
Lenski, Richard C. H.: *The Interpretation of St. Matthew's Gospel*. Minneapolis: Augsburg, 1943.
Marshall, I. Howard: *The Origins of New Testament Christology*. Downers Grove, Ill.: Inter Varsity, 1976.
Mackintosh, H. R.: *The Doctrine of the Person of Jesus Christ*. Edimburgo: T. and T. Clark, 1914.
Mackintosh, Hugh: *Corrientes Teológicas Contemporáneas*. Buenos Aires: Methopress, 1964.
McClendon, James W.: *Teólogos Destacados del Siglo XX*. El Paso: Casa Bautista de Publicaciones, 1969
Pannenberg, Wolfhart: *Fundamentos de Cristología*. Salamanca: Sígueme, 1973.
—: *La Fe de los Apóstoles*. Salamanca: Sígueme, 1975.
Pelikan, Jaroslaw (ed.): *Luther's Works*, vol. 22. San Luis: Concordia Publishing Company, 1957.
Pentecost, J. Dwight: *The Words and Works of Jesus Christ*. Grand Rapids: Zondervan Publishing House, 1981.
Ramm, Bernard: *Protestant Biblical Interpretation*. Boston: W. A. Wilde, 1956.
—: *A Handbook of Contemporary Theology*. Grand Rapids: William B. Eerdmans Publishing Company, 1974.
—: *Hermeneutics*. Grand Rapids: Baker Book House, 1974.

Reymond, Robert L.: *Introductory Studies in Contemporary Theology*. Filadelfia: Presbyterian and Reformed Publishing Company, 1968.
Russell, Jeffrey Burton: *A History of Medieval Christianity*. Nueva York: Thomas Y. Crowell, 1968.
Schaff, Philip: *History of the Christian Church* (8 vol.). Grand Rapids: William B. Eerdmans Publishing Company.
Schillebeeckx, Edward: *Jesus: An Experiment in Christology*. Nueva York. Seabury Press, 1979.
Seeberg, Reihnold: *Manual de Historia de las Doctrinas*. El Paso: Casa Bautista de Publicaciones, 1963.
Sobrino, John: *Cristología desde América Latina*. México: Ediciones CRT, 1977.
Van Til, Cornelius: *The New Modernism*. Filadelfia: Presbyterian and Reformed Publishing Company, 1973.
—: *Barth's Christology*. Grand Rapids: Baker Book House, 1962.
Vermes, Geza: *Jesus the Jew*. Filadelfia: Fortress Press, 1973.
Welch, Claude: *God and Incarnation*. Nueva York: Oxford University Press, 1965.
Yamauchi, Edwin M.: *Pre-Christian Gnosticism*. Grand Rapids: William B. Eerdmans Publishing Company, 1973.

ARTICULOS

Braaten, Carl E.: «Who do we Say that He is? On the Uniqueness and Universality of Jesus Christ.» *Occasional Bulletin*, enero, 1980.
Bowker, John: «The Son of Man.» *Journal of Theological Studies*, abril, 1973, pp. 19-48.
Hitt, Russell T.: «Identity Crisis: «Who are Men Saying I Am»?» *Eternity*, diciembre, 1980.
Johnson, Jr., S. Lewis: «The Jesus that Paul Preached.» *Bibliotheca Sacra*, abril, 1971.
—: «Christ Pre-eminent.» *Bibliotheca Sacra*, enero, 1962.
Kilgallen, John J.: «The Messianic Secret and Mark's Purpose.» *Biblical Theology*, Bulletin, enero, 1977.
Kingsbury, Jack Dean: «The Title «Son of Man» in Matthew's Gospel.» *The Catholic Biblical Quarterly*, abril, 1975.
Knox, Wilfred L.: «The «Divine Hero» Christology in the New Testament.» *Howard Theological Review*, vol. 41, 1948.

Liefeld, Walter L.: «The Hellenistic «Divine Man» and the Figure of Jesus in the Gospels.» *Journal of the Evangelical Theological Society*, otoño, 1973.

Lehmann, Paul L.: «The Theology of Crisis.» *The New Schaff Herzog Religious Encyclopedia*. Grand Rapids: Baker Book House, 1955.

McDonald, H. D.: «Christ's Two Natures: The Significance of Chalcedon Today.» *Christianity Today*, 26 septiembre, 1975.

Moltmann, Jürgen: «The «Crucified God».» *Interpretation, A Journal of Bible and Theology*, julio, 1972.

Mondin, Battista: «The Christological Experiment of Hans Kung.» *Biblical Theological Bulletin*, abril, 1977.

Packer, Jim: «The Vital Question.» *Themelios*, abril, 1979.

Pinto, Evaristo: «Jesus is the Son of God in the Gospels.» *Biblical Theological Bulletin*, otoño, 1974.

Ramm Bernard: «Shrinking the Son of God.» *Eternity*, abril, 1980.

Reese, James M.: «How Matthew Portrays the Communication of Christ's Authority.» *Biblical Theological Bulletin*, julio, 1977.

Runia, Klaas: «A «New» Christology Challenges the Church.» *Christianity Today*, 4 enero, 1974.

—: «The Deity of Christ Assailed.» Editorial, *Christianity Today*, 23 septiembre, 1977.

Witmer, John A.: «Did Jesus Claim to be God?» *Bibliotheca Sacra*, abril, 1968.

Made in the USA
Middletown, DE
14 September 2023